O cristianismo e a civilização ocidental: influências culturais e movimentos históricos

SÉRIE PANORAMA DAS CIÊNCIAS DA RELIGIÃO

inter
saberes

O cristianismo e a civilização ocidental: influências culturais e movimentos históricos

Marli Turetti Rabelo Andrade
Ivan Santos Rüppell Júnior

Rua Clara Vendramin, 58 | Mossunguê | CEP 81200-170 | Curitiba | PR | Brasil
Fone: (41) 2106-4170 | www.intersaberes.com | editora@intersaberes.com

Conselho editorial Dr. Ivo José Both (presidente) | Drª Elena Godoy | Dr. Neri dos Santos | Dr. Ulf Gregor Baranow ‖ *Editora-chefe* Lindsay Azambuja ‖ *Gerente editorial* Ariadne Nunes Wenger ‖ *Assistente editorial* Daniela Viroli Pereira Pinto ‖ *Preparação de originais* Fabrícia Eugênia de Souza ‖ *Edição de texto* Arte e Texto ‖ *Capa e projeto gráfico* Sílvio Gabriel Spannenberg | Andrey Armyagov e marivlada/Shutterstock (imagens) ‖ *Diagramação* Juliane Ramos ‖ *Equipe de design* Débora Gipela | Sílvio Gabriel Spannenberg ‖ *Iconografia* Regina Claudia Cruz Prestes

Dados Internacionais de Catalogação na Publicação (CIP)
(Câmara Brasileira do Livro, SP, Brasil)

Andrade, Marli Turetti Rabelo

O cristianismo e a civilização ocidental: influências culturais e movimentos históricos/Marli Turetti Rabelo Andrade, Ivan Santos Rüppell Júnior. Curitiba: InterSaberes, 2021. (Série Panorama das Ciências da Religião)

Bibliografia.
ISBN 978-65-89818-11-3

1. Civilização Ocidental 2. Cristianismo 3. Cristianismo e cultura 4. Filosofia – História 5. Religião e ciência – História I. Rüppell Júnior, Ivan Santos. II. Título. III. Série.

21-60380   CDD-261

Índices para catálogo sistemático:
1. Cristianismo e civilização ocidental   261

Cibele Maria Dias – Bibliotecária – CRB-8/9427

1ª edição, 2021.

Foi feito o depósito legal.

Informamos que é de inteira responsabilidade dos autores a emissão de conceitos.

Nenhuma parte desta publicação poderá ser reproduzida por qualquer meio ou forma sem a prévia autorização da Editora InterSaberes.

A violação dos direitos autorais é crime estabelecido na Lei n. 9.610/1998 e punido pelo art. 184 do Código Penal.

SUMÁRIO

8 | Apresentação
13 | Como aproveitar ao máximo este livro

16 | **1 As ciências da religião e o cristianismo**
20 | 1.1 A disciplina das Ciências da Religião: introdução histórica
22 | 1.2 A disciplina das Ciências da Religião: introdução e desenvolvimento da metodologia
28 | 1.3 As ciências da religião e o cristianismo: a história, a filosofia e a sociologia da religião

43 | **2 O contexto cultural do surgimento do cristianismo e o desenvolvimento inicial da religião**
44 | 2.1 Contexto político e religioso das civilizações da Mesopotâmia e do Egito
46 | 2.2 A Grécia Antiga: política, religião e filosofia
52 | 2.3 O Estado romano: sociedade, política e religião
55 | 2.4 Cristianismo: origens
56 | 2.5 Cristianismo: influências do judaísmo e do Império Romano
59 | 2.6 O desenvolvimento inicial do cristianismo e a organização do pensamento teológico cristão na patrística

76 | **3 O cristianismo e a Idade Média**
77 | 3.1 Fundamentos culturais e teológicos: patrística, escolástica e pensamento teológico de Santo Agostinho
81 | 3.2 O desenvolvimento político, social e religioso do Ocidente desde a queda de Roma
85 | 3.3 O monasticismo e as ordens mendicantes
86 | 3.4 O desenvolvimento do feudalismo e a atuação religiosa do cristianismo na estruturação social do Ocidente medieval
88 | 3.5 O primeiro cisma da igreja: Cisma do Oriente
91 | 3.6 As Cruzadas do cristianismo
95 | 3.7 O movimento do escolasticismo
97 | 3.8 A economia feudal e o crescimento da influência social e religiosa da igreja cristã na segunda metade da Idade Média
101 | 3.9 O declínio do feudalismo e a ascensão da burguesia

114 | **4 As reformas e a expansão do cristianismo em meio ao surgimento e à consolidação da Idade Moderna**
115 | 4.1 O Renascimento e o humanismo
119 | 4.2 A reforma protestante e a contrarreforma católica
125 | 4.3 As explorações do Novo Mundo e a expansão do cristianismo
129 | 4.4 O racionalismo e o empirismo
134 | 4.5 O desenvolvimento da teoria do conhecimento

149 | **5 O Iluminismo e o desenvolvimento científico, o surgimento da República, a modernidade e a pós-modernidade**
149 | 5.1 Iluminismo
156 | 5.2 República
161 | 5.3 Positivismo e século XIX
164 | 5.4 Pentecostalismo e igrejas evangélicas do século XX
167 | 5.5 Movimento cristão ecumênico do século XX
171 | 5.6 Cristianismo e mundo contemporâneo

187 | **6 Cristianismo e educação: desenvolvimento histórico, ensino religioso e legislação brasileira**
189 | 6.1 Desenvolvimento histórico
212 | 6.2 Desenvolvimento histórico no Brasil
213 | 6.3 Diversidade religiosa
215 | 6.4 Educação, aprendizagem e formação da identidade
219 | 6.5 Ensino religioso

241 | Considerações finais
244 | Referências
251 | Bibliografia comentada
253 | Respostas
254 | Sobre os autores

APRESENTAÇÃO

A história eclesiástica e secular da religião do cristianismo influenciam uma a outra e se confundem em um só fenômeno, como aconteceu, por exemplo, no ano de 1095 no Concílio de Clermont, França, quando o Papa Urbano II convocou os fiéis cristãos da Europa para se integrarem às expedições militares organizadas para recuperar a cidade de Jerusalém, que estava sob poderio dos turcos muçulmanos. Esse fato eclesiástico administrado pelo papa romano gerou um grande movimento humano do Ocidente ao Oriente pelas Cruzadas, redundando na disputa de graves batalhas que ocasionaram diversas consequências sociais.

Nessa relação paralela de fenômenos, podemos incluir como terceiro elemento alguns movimentos referentes ao estabelecimento da civilização ocidental em seus aspectos intelectuais e políticos, posto que, durante os dois milênios de existência da religião cristã, essa civilização foi tanto influenciada como influenciou o cristianismo, conforme ocorreu no século XIV, quando o Renascimento renovou na literatura a importância dos clássicos gregos, algo que acabou fomentando o interesse de teólogos na busca pelos textos das Escrituras em suas línguas originais, o hebraico e o grego.

Enfim, o importante é perceber como as realidades oriundas dessas três perspectivas históricas – a eclesiástica, a cultural e a formativa de uma civilização – são consideradas fenômenos de que as ciências da religião se ocupam em suas pesquisas e seus estudos.

As ciências da religião se tornaram uma disciplina autônoma no contexto acadêmico assim que definiram como objeto de estudo os fenômenos religiosos dos homens (textos e celebrações, hábitos e costumes, história e doutrina, experiências individuais e comunitárias). O interesse inicial era fazer um amplo inventário da história eclesiástica e social das religiões, no propósito de apresentar um conteúdo representativo do desenvolvimento de todas as vertentes dessa importante vivência humana. Com essa orientação, a metodologia da disciplina busca identificar semelhanças e diferenças entre os elementos peculiares de cada religião, além de analisar fenômenos com base em ciências diversas, como antropologia, sociologia, filosofia e psicologia, entre outras, buscando explicar as relações da religião com a sociedade e sua importância no universo cultural do ser.

Nessa perspectiva, apresentaremos elementos significativos da história institucional do cristianismo e descreveremos fatos e contextos culturais importantes que ocorreram em paralelo à história eclesial. Faremos, ainda, relações e iremos observar conexões entre esses aspectos e o desenvolvimento e a progressão da civilização ocidental. O propósito é compreender a importância da religiosidade e qual o seu valor no vasto universo cultural da humanidade.

Nosso objeto não é apresentar integralmente ou de maneira exaustiva os fenômenos eclesiásticos e culturais do cristianismo, nem todos os fatos da civilização ocidental relacionáveis a essa religião, já que seria um material para diversos volumes de livros. Vamos, sim, destacar alguns fatos significativos da religião do cristianismo e observar contextos culturais do seu desenvolvimento, sem desprezar um olhar aprofundado à luz de ciências como história, filosofia e sociologia da religião, especialmente em conjunto com aspectos importantes da progressão histórica da civilização ocidental.

Portanto, no primeiro capítulo, teremos contato com os conteúdos que versam sobre o objeto de estudo das ciências da religião, observando a distinção entre a história eclesiástica de uma religião e a história cultural de uma civilização. Abordaremos também o objeto de estudo da teologia e veremos como a disciplina das ciências da religião surgiu, a partir de 1870, até se consolidar ainda no século XIX, enfatizando a coleta de dados das religiões da humanidade e a comparação de seus elementos. Vamos finalizar o capítulo com um destaque para três disciplinas de apoio ao nosso objeto: história, filosofia e sociologia da religião.

No segundo capítulo, abordaremos o contexto cultural do surgimento do cristianismo e o desenvolvimento inicial da religião na Palestina, região da Judeia, cidade de Jerusalém. Nesse propósito, vamos ter contato com a religião e a política da Mesopotâmia e do Egito, além de agregar o desenvolvimento da filosofia grega e aspectos do Estado romano. As origens do cristianismo serão tema de análise com base nas relações com o judaísmo messiânico e nas viagens missionárias do Apóstolo Paulo. Veremos as características das biografias religiosas de Jesus e os evangelhos, descrevendo o desenvolvimento da teologia cristã inicial da patrística até o momento em que o cristianismo se tornou a religião oficial do Império Romano.

O cristianismo e a Idade Média, em sua integração histórica e cultural, serão o tema de nosso terceiro capítulo. Apresentaremos os fatos eclesiásticos e seculares mais significativos desse período segundo a nossa abordagem metodológica. Vamos destacar alguns fundamentos teológicos da patrística e o pensamento de Santo Agostinho acerca do pecado original e da graça salvadora do evangelho. Trataremos do desenvolvimento da organização institucional da Igreja e seu alcance territorial e administrativo a partir dos séculos IV e V. Os temas da pureza religiosa dos monásticos e da organização social medieval no feudalismo serão destacados na percepção das três classes sociais desse período: os homens de oração, os trabalhadores do campo e os homens de guerra. O cisma da igreja oriental de

1054 e as Cruzadas do cristianismo também serão analisados, bem como o desenvolvimento do escolasticismo, o declínio do feudalismo e a ascensão da burguesia.

O Renascimento, o humanismo, a reforma protestante, a contrarreforma católica, as explorações do Novo Mundo e a expansão missionária católica são alguns dos temas do quarto capítulo. Abordaremos os pensamentos do racionalismo e do empirismo em sua busca para definir a maneira como a humanidade pode compreender as realidades da existência, observando como esses movimentos se tornaram precursores da modernidade, além do modo como influenciaram a teologia com o surgimento do deísmo, corrente que apresentava os temas da religião desconectados dos dogmas doutrinários.

Em nosso quinto capítulo, vamos destacar uma abordagem em paralelo de elementos eclesiásticos e culturais que relacionam a religião do cristianismo à civilização ocidental. Iniciaremos com o tema do Iluminismo e o desenvolvimento científico, abordando o surgimento da república e depois a consolidação da modernidade, finalizando com a perspectiva cultural da pós-modernidade. Veremos como a religião cristã buscou se apresentar de forma atraente ao ambiente cultural racional da modernidade, um período em que a própria existência da pessoa de Deus foi questionada. Destacaremos o pensamento do teólogo Schleiermacher, que valorizou a importância do sentimento na vivência da religião.

Ademais, em meio ao surgimento das repúblicas na Europa e na América e da Revolução Industrial, daremos ênfase social aos movimentos eclesiais cristãos, com destaque para a Inglaterra, de onde surgiram os irmãos Wesley. Trataremos do surgimento do positivismo do século XIX e do avanço da modernidade, percebendo o contraponto religioso por meio da forma como as experiências de fé mais simples se desenvolveram na religião até a ocorrência dos avivamentos espirituais do século XX e da popularização da fé evangélica com o movimento Pentecostal. Concluiremos o capítulo com o tema do movimento de união entre as diversas denominações cristãs, o ecumenismo, além da análise de algumas perspectivas da religião do cristianismo na pós-modernidade.

No sexto e último capítulo, faremos uma abordagem significativa que relaciona a educação e o cristianismo na civilização ocidental. Trataremos da realidade do ensino religioso no Brasil e da legislação pertinente ao ambiente escolar e à experiência docente. Nosso interesse é trazer fatos históricos do desenvolvimento da educação no Ocidente e sua relação com elementos de aprendizagem da religião cristã, além de promover uma reflexão sobre como a escola pode contribuir na valorização e no conhecimento da diversidade religiosa existente na sociedade brasileira.

COMO APROVEITAR AO MÁXIMO ESTE LIVRO

Empregamos nesta obra recursos que visam enriquecer seu aprendizado, facilitar a compreensão dos conteúdos e tornar a leitura mais dinâmica. Conheça a seguir cada uma dessas ferramentas e saiba como elas estão distribuídas no decorrer deste livro para bem aproveitá-las.

AS CIÊNCIAS DA RELIGIÃO E O CRISTIANISMO

As ciências da religião analisam os fenômenos religiosos (fatos históricos e experiências de fé) dos homens, e nessa disciplina a pessoa divina é percebida como a matéria essencial para as diversas formas de expressão da religião.

O cristianismo, como religião histórica, nasceu em Jerusalém assim que cidadãos judeus do primeiro século entenderam que Jesus de Nazaré era o messias anunciado pelos profetas das Escrituras judaicas, os quais se tornaram os primeiros discípulos seguidores do Cristo. Cristo é uma expressão transliterada do grego *Khristós*, que traduz o termo hebraico *messias*, que significa o "ungido".

A teologia cristã avança nesse entendimento, pois define seu

Introdução do capítulo
Logo na abertura do capítulo, informamos os temas de estudo e os objetivos de aprendizagem que serão nele abrangidos, fazendo considerações preliminares sobre as temáticas em foco.

SÍNTESE

Neste primeiro capítulo, vimos que as Ciências da Religião organizaram como disciplina acadêmica ao final do século e início do século XX, marcadamente pelo desenvolvimento de uma pesquisa metodológica orientada pela coleta de dados religiões mundiais e pela sistematização de elementos e abordagem comparativa.

A apresentação dos fatos históricos das religiões se torna aspecto fundante e basilar das Ciências da Religião desde meiros movimentos, e o olhar técnico de diversas ciências e humanas vieram a contribuir com o crescimento e o alcance do conteúdo da disciplina no decorrer do século XX.

Na sequência, citamos a disciplina da História da Religião se tornou bastante influente no Brasil a partir da década especialmente com o pensamento das escolas francesa e que enfatizam a autonomia da disciplina e o diálogo com ciências acadêmicas.

Síntese
Ao final de cada capítulo, relacionamos as principais informações nele abordadas a fim de que você avalie as conclusões a que chegou, confirmando-as ou redefinindo-as.

Indicações culturais

CRIAÇÃO: a origem das espécies. Direção: Jon Amiel. Reino Unido 108 min.

O filme apresenta situações familiares e pessoais bastante d[ramá]ticas do cientista Charles Darwin, especialmente sobre os co[nflitos] que teve com a esposa e a religião quando se preparava pa[ra pu]blicar o livro *A origem das espécies*, em que desenvolveu arg[umen]tos evolucionistas. Ao refletir sobre questões de consciên[cia do] cientista que envolvem a religião e a fé, a Igreja e a ciência, [entre] outras, essa obra cinematográfica é bastante interessant[e para] os estudiosos da religião tanto pelos temas desenvolvidos [quanto] pelo contexto cultural em que se articulavam debates di[versos] entre a razão e a religiosidade. O filme foi baseado no livro *[Darwin's] Box*, escrito pelo tataraneto de Darwin.

TOPOROV, B.; BUCKLES, L. **O guia completo das religiões do mund[o].** São Paulo: Madras, 2017.

Indicações culturais
Para ampliar seu repertório, indicamos conteúdos de diferentes naturezas que ensejam a reflexão sobre os assuntos estudados e contribuem para seu processo de aprendizagem.

Atividades de autoavaliação

1. Em relação ao objeto da disciplina das Ciências da Re[ligião,] considere as alternativas a seguir e assinale a alternativa c[orreta.]
   A) O conteúdo analisado são os textos de revelação das rel[igiões] abordando sua veracidade e valor sagrado.
   B) A análise teológica das religiões é o objeto da discipl[ina.]
   C) O conhecimento do ser divino com base nas doutrin[as das] religiões é o objeto das ciências da religião.
   D) A disciplina compreende a análise dos fatos históricos [das] experiências de fé das religiões, além do estudo acadê[mico] de aspectos literários e hermenêuticos das doutrina[s.]
   E) A teologia observa a matéria essencial, Deus, e as rel[igiões] seriam as variadas formas como Deus se expressa no m[undo.]

2. Sobre os fatos doutrinários e históricos mais significativ[os do] cristianismo, avalie os itens a seguir e assinale V para a[s afir]mações verdadeiras e F para as falsas.

Atividades de autoavaliação
Apresentamos estas questões objetivas para que você verifique o grau de assimilação dos conceitos examinados, motivando-se a progredir em seus estudos.

Atividades de aprendizagem

Questões para reflexão
1. O objetivo da sociologia das religiões é analisar a forma [como] os valores sagrados dos homens se tornam uma conduta [guia] para as suas vidas. Weber enfatizou que compreende[r essa] relação é essencial para definir a maneira como a soci[edade] humana se organiza e se desenvolve historicamente. Co[mente] essa afirmação.
2. O método de análise científica de fenômenos religiosos ad[otado] por Max Weber buscou estabelecer uma relação de causa[lidade] entre os aspectos da economia e da religião. Ele analiso[u espe]cialmente o capitalismo moderno em busca dos element[os dis]tintivos que poderia encontrar nesse sistema econômico, [a fim] de formular o que denominou *tipo ideal*. Quais os element[os em] comum que o sociólogo identificou ao analisar o capita[lismo] ocidental e o calvinismo reformado?

Atividades de aprendizagem
Aqui apresentamos questões que aproximam conhecimentos teóricos e práticos a fim de que você analise criticamente determinado assunto.

BIBLIOGRAFIA COMENTADA

GANGEL, K. O.; HENDRICKS, H. G. **Manual do ensino p[ara o] educador cristão**. 5. ed. Rio de Janeiro: CPAD, 2007.
Esta obra contém diversos princípios e diversas práticas de [orien]tação ao educador, com esclarecimentos acerca do aprend[izado,] tanto para professores iniciantes como para os mais experi[entes.] Destaca e desenvolve fundamentos e padrões diversos de e[nsino,] além de refletir sobre os papéis e as funções essenciais do e[ducador] cristão. Também apresenta os temas da filosofia de ensin[o, as] teorias de aprendizado, do ensino contextualizado às di[versas] faixas etárias e dos papéis do professor na sociedade.

JUNQUEIRA, S. R. A. (Ed.). **Ensino religioso no Brasil**. Florian[ópolis]

Bibliografia comentada

Nesta seção, comentamos algumas obras de referência para o estudo dos temas examinados ao longo do livro.

1
AS CIÊNCIAS DA RELIGIÃO E O CRISTIANISMO

As ciências da religião analisam os fenômenos religiosos (fatos históricos e experiências de fé) dos homens, e nessa disciplina a pessoa divina é percebida como a matéria essencial para as diversas formas de expressão da religião.

O cristianismo, como religião histórica, nasceu em Jerusalém assim que cidadãos judeus do primeiro século entenderam que Jesus de Nazaré era o messias anunciado pelos profetas das Escrituras judaicas, os quais se tornaram os primeiros discípulos seguidores do Cristo. *Cristo* é uma expressão transliterada do grego *Khristós*, que traduz o termo hebraico *messias*, que significa o "ungido".

A teologia cristã avança nesse entendimento, pois define seu livro sagrado como a Bíblia integral dos livros hebraicos (Antigo Testamento) junto dos livros dos apóstolos (Novo Testamento). Afirma que o messias anunciado pelos profetas hebreus já visitou a terra na primeira vinda de Jesus de Nazaré e que Ele é o Cristo que irá voltar na consumação dos tempos para o Dia do Juízo da humanidade. Esse segundo pensamento complementar acerca da religião cristã se baseia em uma visão mais teológica, exatamente porque é oriunda essencialmente da "revelação" dada pelas Escrituras bíblicas, as quais o cristianismo considera o texto sagrado de suas crenças.

Importa assinalar que ambos os conhecimentos são qualificados, com informações e fatos, para se tornarem tema de estudo das Ciências da Religião, posto que essa disciplina não discute a veracidade ou o valor dos interesses da teologia (conhecimento de Deus) e não se nega a utilizar qualquer conteúdo doutrinário de crenças e dogmas como objeto de análise acadêmica, segundo a orientação de uma de suas diversas "ciências".

Nesse contexto, vamos destacar, em um breve resumo extraído de obra dedicada aos estudos da religião (Fortino, 2014), certos elementos históricos e, posteriormente, alguns elementos doutrinários que se tornaram marcantes no reconhecimento e na percepção do cristianismo como uma religião cultural da humanidade:

- Jesus nasceu na Judeia aproximadamente no ano 4 a.C. e seu batismo foi realizado pelo profeta João Batista em 26 d.C., fato que deu início a seu ministério público entre a população.
- Entre os anos de 30 e 36 d.C., Jesus foi crucificado por autoridades romanas em uma sexta-feira. Seus seguidores anunciaram que ele ressuscitou no domingo, até que anos mais tarde houve o martírio da maioria dos apóstolos, entre 44 e 68 d.C., o que deu início a uma grave perseguição aos cristãos que perdurou pelos séculos seguintes.
- Em 313 d.C., o Imperador Constantino autorizou a liberdade social da prática da fé cristã; em 380 d.C., o cristianismo se tornou a religião oficial do império, período em que houve a conversão de Agostinho.
- Em 1054 d.C., houve o Grande Cisma, que dividiu a Igreja Cristã em ocidental e oriental. De 1095 a 1291 d.C., ocorreram as guerras religiosas das Cruzadas, que opuseram muçulmanos e cristãos em luta pela cidade de Jerusalém.
- Em 1274 d.C., ocorreu a publicação da Suma Teológica de Tomás de Aquino.

- Em 1478 d.C., surgiu a Inquisição espanhola, pelas mãos dos reis Fernando e Isabel, contra as heresias.
- A partir dos séculos XIV e XV, a Renascença europeia oportunizou o conhecimento clássico e o desenvolvimento do humanismo, até que em 1517 o monge católico alemão Martinho Lutero publicou suas 95 teses contra as doutrinas da Igreja, o que ocasionou a reforma protestante. Esse fato gerou uma divisão que fomentou as guerras santas entre católicos e protestantes de 1562 a 1598.
- A partir do século XVII, houve o surgimento de diversos grupos protestantes, entre eles, o movimento metodista de John Wesley, até que no início do século XX ocorreu o nascimento do movimento pentecostal nos Estados Unidos.
- Sabe-se que, dos mais de dois bilhões de cristãos professos na atualidade pelo mundo, metade é considerada católica, um terço é protestante e o restante é ortodoxo.

Nessa mesma perspectiva de sistematização de dados religiosos, faremos uma breve descrição das doutrinas fundamentais do cristianismo com os seguintes elementos teológicos:

- Jesus de Nazaré é considerado o messias profetizado nas Escrituras hebraicas do Antigo Testamento e veio ao mundo para realizar uma nova e definitiva aliança (pacto) entre Deus e a humanidade, a qual é anunciada pela mensagem do evangelho (boas-novas), que oferece o perdão divino a todo aquele que se arrepender de seus pecados.
- As crenças essenciais do cristianismo estão todas registradas nos evangelhos e cartas dos apóstolos (Novo Testamento), as quais enfatizam a importância da Páscoa cristã, que dá testemunho da crucificação e da ressurreição de Jesus de Nazaré como os eventos cruciais da fé, pois destacam as obras

realizadas pelo messias em favor da humanidade até que ele volte no Dia do Juízo.

- Jesus é considerado o filho único de Deus, que se fez homem na encarnação, exatamente para viver e atuar como um representante da humanidade diante de Deus. Os sacramentos rituais dessa religião se originam exatamente dos atos fundamentais da vida de Jesus, particularmente o batismo e a eucaristia (Santa Ceia).
- É importante ressaltar a doutrina da Trindade do Deus cristão, que ensina a realidade existencial de Deus como um único ser, o qual contém três pessoas; o Pai, o Filho e o Espírito Santo (Fortino, 2014, p. 202).

Importante perceber que o destaque que desejamos fazer ao relacionar as ocorrências históricas mais significativas do cristianismo e, igualmente, os dogmas e as crenças fundamentais dessa fé religiosa pretende pontuar de maneira específica qual seja o objeto central de estudo das ciências da religião. Isso porque a visão da teologia busca investigar e esclarecer o conhecimento acerca do ser divino com base nas doutrinas das religiões, e as ciências da religião reconhecem como sua fonte de estudo científico, particularmente, os fatos históricos e as experiências de fé das religiões, sem desprezar o estudo acadêmico de textos doutrinários –, por exemplo, uma análise hermenêutica e literária.

Para o professor de Ciências da Religião e doutor em Ciências Sociais Antônio Gouvêa Mendonça (2004), a boa compreensão do tema passa por uma investigação aristotélico-escolástica, que faz uso do que ele considera ser uma analogia inapropriada, porém didática, pois Deus é percebido como a "matéria" de quem originam as múltiplas formas de expressão sagradas dos homens; estas é que são denominadas *religião*. Nesse sentido, a teologia deve se ocupar da matéria essencial: Deus, pois o objeto da teologia é Deus.

No outro polo dessa divisão, nas palavras desse mesmo autor, entende-se *religião* como

> as variadas e mesmo infinitas formas com que Deus se expressa no mundo, na história e no cotidiano das pessoas. As Ciências da Religião estudam não Deus, mas suas formas de expressão, em resumo, nas pessoas e na cultura. Nesse ponto, Ciências da Religião se distinguem da Teologia, porque não cogitam de questões a respeito de Deus, como sua existência e natureza. Estudam efeitos e não causa. (Mendonça, 2004, p. 23)

Após o esclarecimento acerca do objeto essencial de nossa disciplina, particularmente em distinção ao objeto da teologia, seguiremos nossa introdução às ciências da religião à luz do cristianismo, apresentando elementos da origem e do desenvolvimento histórico de sua formatação acadêmica, além de elementos e aspectos característicos de seus métodos de pesquisa.

1.1 A disciplina das ciências da religião: introdução histórica

Foi na segunda metade do século XIX, especialmente a partir da década de 1870, que muitos autores originários de diversas nacionalidades projetaram os parâmetros e as bases institucionais do que veio a se tornar a distinta disciplina das Ciências da Religião, ainda que os termos utilizados para apresentar os objetivos de seus estudos fossem bastante variados, desde *ciência da religião* e *estudo das religiões* até *ciência da religião comparada* e *história das religiões*. A superação da ambiguidade na definição de quais seriam os temas das ciências da religião ocorreu logo ao final do século XIX, momento em que os aspectos formativos de sua estrutura disciplinar foram definidos, posto que aquela época foi considerado o período em que a religião veio a ser estudada de modo mais abrangente e detalhado, algo levado adiante com a contribuição das disciplinas de História, Sociologia, Antropologia e Psicologia. Dessa forma, houve um consenso entre os mais diversos pesquisadores de que os fundamentos científicos do estudo das religiões deveriam estar amparados em dois aspectos singulares, o histórico e o sistemático, os quais deveriam ser observados na construção de um conhecimento articulado em acordo aos princípios acadêmicos autorizados. Nesse contexto, sempre que a ciência da religião consegue bem definir cientificamente o seu objeto de estudo, a religião também se torna capaz de refletir sobre esse conteúdo "com a devida distância metodológica e justifica-se a si mesma perante as demais ciências como o estudo empírico, histórico e sistemático das religiões ou da religião" (Passos; Usarski, 2013, p. 18).

Importante observar que esses dois pilares programáticos para o estabelecimento das Ciências da Religião foram tanto orientadores dos estudos que viriam a ser realizados na perspectiva dessa disciplina como também se tornaram elementos bastante analisados por pesquisadores das religiões ao final do século XIX. Nesse sentido, em 1873, James C. Moffat (citado por Passos; Usarski, 2013, p. 20) destacou o valor dos dados até então anotados referentes às experiências religiosas dos homens, bem como acerca da utilização destes no propósito de que uma visão global de todas as religiões pudesse ser constatada em uma visualização comparativa. Edward Caird (citado por Passos; Usarski, 2013, p. 20) enfatizou, em 1895, que o olhar das ciências da religião deveria promover um raciocínio simultâneo que adotasse o estudo de fatos religiosos coletados das religiões, além de uma reflexão acerca da realidade social de suas vivências, e a percepção de quais seriam os aspectos comuns e os distintos entre as religiões que oportunizariam uma boa sistematização de seus conteúdos.

Engler e Stausberg (citados por Passos; Usarski, 2013, p. 33, 63) se serviram desses princípios estruturais da metodologia das

Ciências da Religião para expor a teoria e a prática de uma técnica de estudo que pudesse bem auxiliar no desenvolvimento dos objetos da disciplina, com destaque para a coleta de dados religiosos (fenômenos históricos e crenças) e o seu tratamento (observação das singularidades e das diversidades entre os pensamentos e as práticas das religiões), bem como a anotação das evidências percebidas entre a teoria e as atividades práticas oriundas de seus conceitos.

1.2 A disciplina das Ciências da Religião: introdução e desenvolvimento da metodologia

Conforme vimos anteriormente, as Ciências da Religião somente se organizaram como disciplina ao final do século XIX. No entanto, especialmente a partir dos primeiros séculos do segundo milênio, a fundação das primeiras universidades na Europa e a definição da Teologia como uma das quatro disciplinas principais dos currículos de Direito, Medicina e Humanidades acabaram se tornando um fato gerador de estudos históricos e doutrinários mais abrangentes acerca das religiões nos séculos seguintes, especialmente do cristianismo, em meio ao desenvolvimento dos movimentos intelectuais do Renascimento e do humanismo ao final da Idade Média e, posteriormente, do Iluminismo no século XVIII.

Foi um período em que a coleta e a identificação de situações históricas oriundas de fatos religiosos, ou mesmo de certos momentos da história das sociedades e das nações considerados gravemente influenciados por atos religiosos, vieram a se tornar um conteúdo importante como objeto de verificação por parte de intelectuais, filósofos e, especialmente, de teólogos. Nessa perspectiva, entendemos que os denominados *elementos históricos das religiões* –, sejam estes a descrição de seus fatos temporais, sejam a coleta de suas decisões doutrinárias com a identificação do período de ocorrência –, acabaram se tornando o objeto principal do estudo das religiões na Idade Moderna, até a época da consolidação das Ciências da Religião como disciplina autônoma. Em complemento a essa realidade, como já citamos, a disciplina das Ciências da Religião veio a se institucionalizar no padrão acadêmico com a formalização inicial e fundamental de dois objetos de estudo: os elementos históricos e os elementos sistemáticos das religiões.

Portanto, desde o início do segundo milênio –, conforme as abordagens relacionadas à religião na teologia e, posteriormente, no desenvolvimento desses estudos por intelectuais e filósofos, até chegar aos pesquisadores e aos autores que definiram as bases da disciplina na academia no século XIX –, o que se destaca é uma estrutura disciplinar que relaciona os fatos da história e um olhar científico conjuntamente, posto que não é possível analisar a religião sem a percepção e a descrição histórica de seus fenômenos.

Essa percepção foi corroborada nos conteúdos e nas práticas que vieram a fundar e, posteriormente, consolidar a disciplina das Ciências da Religião desde 1870 e no decorrer do século XX. Podemos perceber isso no modo como foram nominadas as primeiras cátedras dedicadas ao estudo científico das religiões na academia:

- *História Geral da Religião*, na Universidade de Genebra, Suíça, em 1873;
- *História das Religiões*, na França e em Roma, na Itália, em 1879.

As últimas décadas do século XIX e as primeiras do século XX se tornaram, igualmente, o período de publicação das obras clássicas acerca do estudo científico das religiões, exatamente pelo fato de suas análises terem sido amparadas nos dois aspectos fundamentais outrora definidos: os estudos históricos e os estudos sistemáticos da religião. O pesquisador Cornelius Petrus

Tiele publicou na Inglaterra, em 1877, a obra *História das religiões*, enfatizando, posteriormente, que a anotação de fatos históricos oriundos das religiões não deveria ser orientada por objetivos apologéticos, seja na defesa, seja na contrariedade da fé, e sim pelo interesse da descrição de dogmas e textos, rituais e crenças, a fim de que a diversidade religiosa dos homens fosse identificada. É importante destacar que a perspectiva acadêmica que prevê a comparação sistêmica dos fenômenos das religiões, na visão moderna, se tornou objeto das mais variadas publicações lançadas à época, ocasião em que o pesquisador Edmund Hardy definiu "o método da Ciência da Religião comparada enquanto uma abordagem sistemática baseada na pesquisa histórico-empírica" (Passos; Usarski, 2013, p. 59).

Eis como foi consolidado no século XX o entendimento de que as ciências da religião deveriam se debruçar sobre os fatos históricos da religiosidade, os quais, após anotados, seriam percebidos em sua realidade factual na cultura e na história. Esse modelo de análise veio confirmar a disciplina em um padrão recorrente em acordo aos padrões da academia.

A proximidade disciplinar do objeto de estudo das ciências da religião na observação da ocorrência histórica dos elementos da prática religiosa dos homens está evidenciada no título da principal associação criada em âmbito mundial para o estudo científico da religião: International Association for the History of Religion (IAHR). Essa associação foi fundada em 1950 e agrega, desde 2012, ao menos 42 associações de diversos países dedicadas ao estudo histórico, social e comparado da religião. A principal associação latino-americana das ciências da religião, Asociación Latino-americana para el Estúdio de las Religiones (Aler), integrou-se à IAHR em 1990, o mesmo acontecendo com a Associação Brasileira da História das Religiões (ABHR), em 2000 (Passos; Usarski, 2013, p. 60).

1.2.1 Desenvolvimento da metodologia

Segundo Fernando Torres-Londono (citado por Passos; Usarski, 2013), a compreensão da maneira como as ciências da religião têm desenvolvido o olhar acadêmico característico das ciências sociais em sua história disciplinar requer a anotação do destaque dado pelo pesquisador de religiões orientais alemão Max Müller, que em 1867 se utilizava do título *história das religiões* para identificar a nova categoria de estudos que deveria se ocupar das religiões africanas e asiáticas, trazidas ao conhecimento dos europeus pela expansão colonial do século XIX.

A nova abordagem científica percebia de modo não confessional as religiões, sob um foco voltado ao desenvolvimento histórico de suas realidades peculiares, no propósito de que as características religiosas dos fenômenos pudessem ser objetivamente analisadas pelas novas pesquisas em progressão. Esse olhar se dedicava a anotar a origem e a evolução das religiosidades, além de promover uma perspectiva comparativa dos mitos e rituais, conforme veio a ser definido pelo Congresso da História das Religiões de 1900. Tais princípios de estudo se tornaram a base de diversas publicações nas primeiras décadas do século XX, com a descrição enciclopédica de muitas religiões, especialmente por parte das academias da Alemanha, da Inglaterra, da França e da Itália.

Em meio aos diversos aspectos acadêmicos que os novos olhares da observação científica das religiões se propunham a desenvolver, com ênfase ora no olhar da filosofia, ora na história eclesiástica, tomou corpo, na América do Norte e nos países de língua inglesa, a utilização do termo *general science of religions* para designar a nova disciplina e configuraram-se os estudos para fundamentar o que mais tarde foi chamado de *ciência da religião*. As diversas perspectivas para a disciplina acabaram se institucionalizando na criação da IAHR, como vimos anteriormente, que agrega diversos estudiosos oriundos das mais distintas áreas, dedicados às ciências sociais orientadoras das pesquisas dos cientistas da religião. No Brasil, as pesquisas são bastante influenciadas pelos estudos franceses e italianos, como veremos mais adiante.

A metodologia das ciências da religião aponta dois caminhos pelos quais o estudioso deve orientar a solução do problema ou a questão de sua pesquisa acadêmica: o primeiro olhar pode ser voltado à observação dos fatos e das vivências percebíveis na cultura social dos homens; já um segundo olhar seria aquele no qual se contemplam os dogmas e os conceitos da religião, que, após serem anotados, irão propiciar uma compreensão dos fenômenos, para que então sejam buscadas as explicações de suas dinâmicas sociais. É necessário reconhecer que, desde as primeiras décadas de organização da disciplina, os autores dedicados ao estudo acadêmico das religiões voltaram sua atenção para aspectos epistemológicos e de metodologia que vieram a se tornar os princípios estruturais dos estudos científicos da religião. Foi um contexto em que diversas ciências sociais contribuíram, com seus métodos particulares, para o desenvolvimento das pesquisas sobre fenômenos religiosos e para a organização comparativa dos dados das religiões, formatando a estrutura em duas vertentes, histórica e sistemática (Passos; Usarski, 2013, p. 18-20).

Nesse contexto em que as ciências da religião se servem do olhar acadêmico das mais diversas disciplinas das ciências humanas, importa destacar, nas palavras de Mendonça (2004, p. 25), que: "Observados esses parâmetros básicos, o da neutralidade possível e o da circunscrição do estudo e da pesquisa à expressão empírica de Deus e sua sistematização e dogmática, poderão as disciplinas cujos objetos convergem para a religião eleger seus próprios caminhos". Assim, cada distinta disciplina que oferece seus métodos peculiares para o tema da religião regularmente propõe um olhar acadêmico adequado às próprias normas e ao desenvolvimento científico.

Conforme Engler e Stausberg (citados por Passos; Usarski, 2013, p. 63), os métodos de pesquisa podem ser entendidos como as regras e as técnicas que organizam a coleta de fenômenos a fim de orientar a formatação dos dados a serem analisados no empreendimento acadêmico. O método orienta que se inicie a pesquisa pela identificação da pergunta ou do problema/questão a ser investigado, o que vai indicar o modelo adequado para estudo na coleta de dados e a maneira em que irá surgir a afirmação que se busca comprovar, aplicando uma teoria ou deixando emergir alguns conceitos por meio das análises realizadas.

Nessa perspectiva acadêmica, a pesquisa desenvolvida neste livro coleta, em ordem histórica, algumas das fundamentais manifestações do cristianismo, a fim de apresentar aspectos de seu desenvolvimento religioso. A questão (problema) central da pesquisa é a percepção de alguns dos elementos culturais das sociedades (contexto intelectual e social) que tanto influenciaram como acabaram sendo influenciados pela fé cristã, particularmente no Ocidente; e esta é uma segunda problemática inerente às ciências da religião. Portanto, os dados coletados (fenômenos históricos e doutrinários) foram destacados e expostos segundo a constatação de sua importância cultural – seja social e política, seja econômica e de comportamento–, especialmente no contexto do desenvolvimento da civilização ocidental, por meio da interação com a religião do cristianismo.

O levantamento dos dados das crenças e dos elementos históricos das religiões se tornaram tema peculiar da nova disciplina, organizando o conteúdo das enciclopédias das religiões, além de permitir análises comparativas de seus elementos.

Acerca do modo como houve um amadurecimento conceitual relacionado ao reconhecimento dos elementos que devem ser observados nos estudos das ciências da religião, Usarski (citado por Passos; Usarski, 2013) afirma que a disciplina "dedica-se de maneira não normativa ao estudo histórico e sistemático de religiões concretas em suas múltiplas dimensões, manifestações e contextos socioculturais". Destaca-se a ênfase do autor para a prática acadêmica das religiões, o que requer o desenvolvimento das áreas de estudo histórica e sistemática, consideradas como tarefas basilares da disciplina. Essa ideia pode ser percebida tanto na exposição dos fenômenos históricos representativos do desenvolvimento de uma religião, o que por si só já se considera um conteúdo específico da disciplina, como no interesse de que os dados anotados sejam utilizados para uma comparação das religiões, além da posterior análise que outras tantas ciências sociais irão desenvolver sobre o conteúdo por meio de suas técnicas peculiares.

Agora, iremos abordar esse último enfoque, que abrange as técnicas específicas das ciências da história da religião e da sociologia da religião, além de indicar os princípios da filosofia da religião, posto que as metodologias dessas disciplinas orientam a coleta de dados e a análise de fenômenos do cristianismo neste livro, à luz da disciplina das ciências da religião.

1.3 As ciências da religião e o cristianismo: a história, a filosofia e a sociologia da religião

O curso de licenciatura em Ciências da Religião abrange o saber específico de ciências como história, filosofia e sociologia, entre outras que serão consideradas por terem como objeto de estudo as religiões da humanidade. O estudioso de uma dessas áreas contribui com o seu potencial para o desenvolvimento de um saber voltado ao tema religioso.

Essa compreensão e a consequente definição das ciências da religião em sua área de atuação tomou forma e se institucionalizou nos últimos 150 anos, particularmente a partir da década de 1870 e das primeiras décadas do século XX. Esse também foi o período histórico de afirmação de algumas das disciplinas que compõem os cursos das ciências humanas.

A necessária perspectiva técnica da coleta e da análise de dados se dá por meio de distintas abordagens desenvolvidas por cada uma das metodologias oriundas das mais diversas ciências. A origem e o foco da pesquisa nessa área têm um objeto comum, a religião, em determinado contexto histórico, nas áreas social, política e/ou econômica.

Algumas das subáreas mais proeminentes da disciplina são as ciências sociais voltadas ao estudo das religiões, como ocorre por meio do pensamento clássico da sociologia, com Durkheim e Weber, que desenvolveram pesquisas na busca de entender "o lugar e as funções das crenças, práticas e instituições religiosas no mundo moderno" (Passos; Usarski, 2013, p. 187).

No campo do conhecimento das ciências sociais e com o objetivo de perceber outras metodologias de análise das crenças e dos ritos das religiões, bem como sua relação com os processos sociais e a vivência individual, iremos destacar inicialmente o conhecimento da **história das religiões**, posto que é um dos campos disciplinares mais ricos e profícuos das pesquisas religiosas.

1.3.1 A história das religiões

A história das religiões tornou-se um conteúdo bastante utilizado nas pesquisas brasileiras a partir da década de 1970 e foi influenciada por duas escolas: a francesa, com o desenvolvimento de estudos seculares em instituições acadêmicas por meio do diálogo com as ciências humanas, e a italiana, que propôs a construção de uma disciplina autônoma, valorizando o estudo plural do conteúdo.

O texto didático-explicativo de Eliane Moura Silva, na citação de Torres-Londono, oferece-nos bom entendimento dos propósitos do conhecimento acerca da religião dos homens:

> A tarefa do historiador não é mais, simplesmente, a de narrar uma (ou mais) história(s) de vida(s), mas analisar como e quando dada posição/situação foi construída, através de que mediações, através de quais representações uma determinada experiência histórica foi descrita, como foi construído um personagem, um contexto, uma "realidade". Temos mais um diálogo, uma conversa com o passado, em vez de uma reconstrução do passado por meio de uma pesquisa documental pura. (Passos; Usarski, 2013, p. 217)

Na perspectiva de ser um conteúdo que deseja anotar as possíveis "mediações" históricas em que uma determinada experiência religiosa foi construída, destacamos o desenvolvimento, na França, de uma vertente de análise técnica que tem por objeto de estudo os dados da história laica, particularmente aqueles que relacionam os fatos da história religiosa e cultural, com ênfase em uma análise que promova a **interface** entre religião e sociedade, religião e cultura, religião e história etc.

Nesse mesmo contexto, a escola italiana enfatiza a visão de Rafael Pettazzoni, para quem o estudo das religiões deve ser feito com base em sua inserção na história, já que uma análise distante das situações históricas em que estas se originaram e nas quais vieram a ser transformadas no tempo seria uma observação abstrata e inexistente, bastante distante da concepção das religiosidades que encontramos no mundo, especialmente além da Europa (Passos; Usarski, 2013, p. 221). Conforme Passos e Usarski (2013, p. 221), ao citarem Angelo Brelich,

> "a história das religiões se deveria fundar na produção de um conhecimento de uma compreensão interpretativa de todas as religiões desde o início da história até o presente, localizando cada uma

delas nos seus respectivos contextos sociais e culturais em que surgiram e se desenvolveram". Isso significaria, na prática, dar conta de "toda a história humana, algo claramente impossível".

Eis um conhecimento histórico e situacional difícil e complexo de adquirir acerca das religiões, mas bastante necessário, segundo esclarece Brelich (citado por Passos; Usarski, 2013), a fim de que o estudo não fique somente na mão dos especialistas, que jamais conseguem compreender a amplitude e a particularidade dos fenômenos religiosos, que é exatamente o objeto de estudo das ciências da religião. Para ele,

> os problemas da formação de uma religião são acessíveis somente a quem conhece numerosas formas de religião em relação a formas de civilizações, de modo a poder manter, sobre uma ampla base de fatos – e não somente sobre um único caso – a conexão entre tipos de formações religiosas e tipos de tendências culturais em geral. (Brelich, citado por Passos; Usarski, 2013, p. 223)

À luz dessas considerações, traremos determinados fatos culturais que tanto irão nos orientar acerca do contexto histórico das vivências do cristianismo como também nos situar no desenvolvimento da religiosidade em meio ao progresso da civilização ocidental. Nessa perspectiva metodológica, vamos destacar a conexão dos fatos culturais da história e outros significativos no desenvolvimento da civilização ocidental com os fatos eclesiásticos do cristianismo.

1.3.2 A filosofia da religião

As relações da filosofia com a religião, e particularmente com o cristianismo, foram articuladas desde o início do pensamento cristão por meio de profundas interações entre o método da filosofia grega platônica e a progressão inicial da reflexão teológica ocidental e oriental, a qual foi orientada pelo movimento da patrística nos primeiros séculos, conteúdo que iremos abordar no segundo capítulo deste livro. Posteriormente, a teologia cristã medieval retomou com vigor a proximidade entre os métodos filosóficos e o desenvolvimento do pensamento teológico quando da utilização por São Tomás de Aquino da cosmovisão aristotélica. No entanto, uma abordagem do objeto da religião em sua natureza e como uma experiência de fé dos homens ocorreu de maneira mais significativa e sob uma perspectiva associada aos interesses acadêmicos das ciências da religião assim que os intelectuais do racionalismo e do empirismo voltaram sua atenção ao tema a partir do século XVII. Veremos todos esses aspectos posteriormente neste livro.

Segundo o titular da cátedra de Teologia Histórica da Universidade de Oxford e professor de ciência da religião Alister E. McGrath (2005, p. 270), a teologia cristã interagiu fortemente com muitas escolas filosóficas em seus dois mil anos de progressão, em uma proximidade reflexiva na qual a filosofia atuou tanto como aliada quanto como inimiga das crenças cristãs na seara das relações culturais. Esse é um tema regular e revelador do entendimento da importância das influências dadas e recebidas dessa religião no desenvolvimento da civilização ocidental.

Conforme Passos e Usarski (2013, p. 55), em destaque dado de uma perspectiva mais técnica das ciências da religião, "o 'mentor' precoce do estudo científico da religião mais frequentemente citado [...] é David Hume (1711-1776), devido a sua abordagem da religião dentro de um quadro referencial estritamente científico". Essa citação orienta que esse momento histórico seja percebido como um período de aproximação conceitual da disciplina da Filosofia aos interesses das ciências da religião, posto que Hume buscou refletir acerca da natureza da religião, inaugurando uma tradição seguida por um vasto número de pensadores, como Jean J. Rousseau, I. Kant, F. Schleiermacher, G. Hegel e A. Schopenhauer.

1.3.3 A sociologia da religião: a ética protestante e o espírito do capitalismo

Neste tópico, iremos analisar a influência de valores religiosos na organização da sociedade à luz das ciências da religião. Vamos verificar, inicialmente, um conceito clássico da sociologia da religião, para em seguida buscar, nos elementos religiosos do cristianismo protestante, os valores doutrinários que vieram a se tornar os fundamentos de uma sociedade altamente funcional em sua dinâmica econômica e social. Nosso estudo não deseja enfatizar uma entre as diversas definições éticas desenvolvidas historicamente pelo cristianismo em suas mais distintas vertentes e denominações, e sim compreender um método da sociologia que foi utilizado tecnicamente segundo o foco das ciências da religião.

No início do século XX, o sociólogo alemão Max Weber publicou sua obra clássica da sociologia da religião, *A ética protestante e o espírito do capitalismo*, que analisa a formação do capitalismo ocidental pelas influências religiosas na sociedade, formalizando uma base teórica de reflexão para um tema que se tornou bastante importante na sociedade e na academia.

A análise de Weber buscou analisar a influência da religião na formação da cultura econômica da sociedade. Demonstrou que havia uma profunda interação entre os valores religiosos dos homens e a estruturação de seu meio social. A sociologia da religião de Weber propôs um método científico que analisa uma comunidade religiosa por meio de uma relação social na qual a instituição organiza os grupos humanos segundo valores espirituais que têm significado para ambos. Logo, o objetivo é analisar a forma como os valores sagrados dos homens se tornam uma conduta ética para as suas vidas, e Weber enfatizou que compreender essa relação é essencial para definir a maneira como a sociedade humana se organiza e se desenvolve historicamente.

O sociólogo examinou as influências surgidas do encontro de dois elementos estruturais da sociedade, a religião e o sistema econômico, e desenvolveu uma pesquisa relacionada ao capitalismo moderno. Buscou retratar a força da influência de crenças religiosas nas transformações sociais por meio da observação de doutrinas calvinistas oriundas de comunidades protestantes dos séculos XVII e XVIII localizadas nos Estados Unidos. Assim, o propósito da obra de Weber foi analisar o capitalismo moderno que avançava pelo mundo de uma origem estadunidense, nação que tinha um posicionamento diferente em relação à atitude capitalista comum das sociedades econômicas no decorrer da história, até aquele momento:

> Weber irá demonstrar que o que possibilitou a formação de um capitalismo dessa ordem foram: uma contabilidade racional, uma separação legal da propriedade das empresas e da propriedade pessoal, o desenvolvimento das possibilidades técnicas, bem como uma organização racional do trabalho capitalista, havendo entre esses fenômenos e o capitalismo uma influência recíproca. (Mota Filha, 1967, p. 487, grifo do original)

O método científico utilizado por Weber procurou estabelecer uma relação de causalidade entre os aspectos da economia e da religião. Ele analisou inicialmente o capitalismo moderno, em busca dos elementos distintivos que poderia encontrar nesse sistema econômico, a fim de formular o que denomina *tipo ideal*. Nessa análise, a fim de destacar uma nova atitude nos negócios, encontrou um aspecto abrangente denominado *racionalização* (funcionalidade).

A conclusão da análise foi que, nas localidades em que surgiu o calvinismo religioso, apareceram os elementos sagrados relacionados ao novo capitalismo "funcional", como "o desprendimento do mundo, a ascese, a piedade religiosa de um lado, e de outro, a participação capitalista nos negócios" (Weber, citado por Mota Filha, 1967, p. 489). O que Weber percebeu foi a existência de uma conduta social e econômica grandemente influenciada por tais valores religiosos, a qual denominou *ética protestante*.

O novo capitalismo ocidental trazia consigo um valor religioso protestante, o qual orientava uma nova perspectiva acerca da geração de riquezas, pois ensinava que os ganhos monetários do trabalho do homem deveriam ser acumulados e reinvestidos a fim de que o progresso econômico e social ocorresse de forma crescente e contínua. A atitude econômica protestante quanto aos ganhos de capital acabou se tornando uma ética social, a qual influenciou grandemente o desenvolvimento do capitalismo moderno.

A visível relação histórica de causalidade entre o novo capitalismo e o protestantismo calvinista foi definida, então, no momento que o pesquisador reconheceu e relacionou seus valores e suas atitudes em comum. Trata-se de uma relação que se tornou compreensível com a descoberta e a verificação dos elementos semelhantes de seu tipo ideal, os quais traziam a base estrutural tanto do capitalismo econômico como do calvinismo religioso.

Traremos algumas observações oriundas desse modelo de análise no desenvolvimento deste livro, ainda que de maneira mais genérica e não tão detalhista. Trata-se do mesmo método: perceber os elementos religiosos de uma determinada crença para, então, analisar de que forma esses elementos influenciam as atitudes dos fiéis em sua dinâmica social e observar de que maneira a própria religião é influenciada por alguns movimentos sociais e culturais de sua época. Nesse último caso, posteriormente iremos refletir sobre como o movimento iluminista influenciou a teologia cristã, o que acabou gerando algumas doutrinas que vieram a ser reconhecidas historicamente como *protestantismo liberal*.

Síntese

Neste primeiro capítulo, vimos que as Ciências da Religião se organizaram como disciplina acadêmica ao final do século XIX e início do século XX, marcadamente pelo desenvolvimento de uma pesquisa metodológica orientada pela coleta de dados das religiões mundiais e pela sistematização de elementos em uma abordagem comparativa.

A apresentação dos fatos históricos das religiões se tornou um aspecto fundante e basilar das Ciências da Religião desde os primeiros movimentos, e o olhar técnico de diversas ciências sociais e humanas vieram a contribuir com o crescimento e o alcance do conteúdo da disciplina no decorrer do século XX.

Na sequência, citamos a disciplina da História da Religião, que se tornou bastante influente no Brasil a partir da década de 1970, especialmente com o pensamento das escolas francesa e italiana, que enfatizam a autonomia da disciplina e o diálogo com outras ciências acadêmicas.

Vimos, ainda, que a Sociologia se tornou uma disciplina importante da academia em época próxima da consolidação das ciências da religião. Uma obra clássica da sociologia da religião foi *Ética protestante e o espírito do capitalismo*, em que Max Weber apresentou um modelo de pesquisa científica das religiões, afirmando a existência de uma grande influência religiosa no desenvolvimento da sociedade. O sociólogo relacionou economia e religião, alegando que um novo modelo e uma nova prática de capitalismo, o capitalismo moderno, veio a surgir nos Estados Unidos por causa de influências éticas relacionadas ao trabalho secular, oriundas do protestantismo inglês calvinista e puritano.

Indicações culturais

CRIAÇÃO: a origem das espécies. Direção: Jon Amiel. Reino Unido, 2009. 108 min.

O filme apresenta situações familiares e pessoais bastante dramáticas do cientista Charles Darwin, especialmente sobre os conflitos que teve com a esposa e a religião quando se preparava para publicar o livro *A origem das espécies*, em que desenvolveu argumentos evolucionistas. Ao refletir sobre questões de consciência do cientista que envolvem a religião e a fé, a Igreja e a ciência, entre outras, essa obra cinematográfica é bastante interessante para os estudiosos da religião tanto pelos temas desenvolvidos como pelo contexto cultural em que se articulavam debates diversos entre a razão e a religiosidade. O filme foi baseado no livro *Annie's Box*, escrito pelo tataraneto de Darwin.

TOPOROV, B.; BUCKLES, L. **O guia completo das religiões do mundo.** 2. ed. São Paulo: Madras, 2017.

Esse livro desenvolve as doutrinas religiosas fundamentais das religiões mais conhecidas, especialmente as relacionadas às civilizações da Idade Antiga. Sua preocupação é esclarecer, com uma apresentação objetiva, o pensamento religioso de cada uma delas e abordar temas comuns acerca da religiosidade e da espiritualidade da humanidade, com destaque para as relações entre as religiões. Uma obra de consulta básica com informações introdutórias e complementares bastante valiosas para o interessado em ciências da religião.

Atividades de autoavaliação

1. Em relação ao objeto da disciplina das Ciências da Religião, considere as alternativas a seguir e assinale a alternativa correta:
   a) O conteúdo analisado são os textos de revelação das religiões, abordando sua veracidade e valor sagrado.
   b) A análise teológica das religiões é o objeto da disciplina.
   c) O conhecimento do ser divino com base nas doutrinas das religiões é o objeto das ciências da religião.
   d) A disciplina compreende a análise dos fatos históricos e das experiências de fé das religiões, além do estudo acadêmico de aspectos literários e hermenêuticos das doutrinas.
   e) A teologia e as ciências da religião observam a matéria essencial, Deus, e as religiões seriam as variadas formas como Deus se expressa no mundo.

2. Sobre os fatos doutrinários e históricos mais significativos do cristianismo, avalie os itens a seguir e assinale V para as afirmações verdadeiras e F para as falsas.
   [ ] Jesus nasceu na Judeia aproximadamente no ano 4 a.C. Seu batismo foi realizado pelo Profeta João Batista em 26 d.C., o que deu início a seu ministério público.
   [ ] Jesus foi crucificado por autoridades romanas em uma sexta-feira; seus seguidores anunciaram que ele ressuscitou no domingo, até que anos mais tarde houve o martírio da maioria dos apóstolos entre 44 e 68 d.C.
   [ ] Em 1054, ocorreu o grande cisma que dividiu a igreja cristã em ocidental e oriental, gerando a Igreja Católica Apostólica Romana e a Igreja Protestante.
   [ ] A renascença europeia renovou o conhecimento clássico e o desenvolvimento do humanismo, até que em 1517 o Monge Martinho Lutero publicou 95 teses contra as doutrinas da Igreja, o que também fomentou as guerras santas entre os anos de 1562 e 1598.

[ ] Jesus de Nazaré é considerado o messias profetizado nas Escrituras do Antigo Testamento e veio ao mundo para realizar uma nova e definitiva aliança (pacto) entre Deus e a humanidade, a qual é anunciada pela mensagem do evangelho.

Agora, marque a alternativa que contém a sequência correta:

A] V, V, V, F, V.
B] V, V, V, F, F.
C] V, F, V, F, V.
D] V, V, F, V, V.
E] V, V, F, F, V.

3. Quanto ao desenvolvimento e à organização acadêmica da disciplina das Ciências da Religião, assinale a opção **incorreta**:

A] Os primeiros termos utilizados para designar os estudos acadêmicos das religiões ao final do século XIX foram: *ciência da religião, estudo das religiões, ciência da religião comparada* e *história das religiões*.

B] Os fundamentos científicos iniciais do estudo das religiões deveriam observar os aspectos histórico e sistemático.

C] As Ciências da Religião analisam o conteúdo com a devida distância metodológica; é um estudo empírico, histórico e sistemático das religiões.

D] As Ciências da Religião devem se dedicar à coleta de dados doutrinários para boa análise da veracidade do valor do sagrado nas religiões.

E] A técnica de estudo requer a observação das singularidades e das diversidades entre os pensamentos e as práticas das religiões.

4. Em relação ao desenvolvimento da metodologia e à amplitude de estudos acadêmicos relacionados às ciências da religião, assinale V para as assertivas verdadeiras e F para as falsas.

[ ] A International Association for the History of Religion (IAHR) é uma associação fundada em 1950 que agrega dezenas de associações dedicadas ao estudo histórico, social e comparado da religião.

[ ] O alemão Max Müller utilizava o título *história das religiões* para identificar a nova categoria de estudos que deveria se ocupar somente das religiões africanas e asiáticas, trazidas ao conhecimento dos europeus pela expansão colonial do século XVIII.

[ ] A nova abordagem que a observação científica das religiões se propunha a desenvolver, com ênfase tanto na filosofia como na história eclesiástica, fez surgir na América do Norte e países de língua inglesa o termo *general science of religions* para designar o objeto de estudos das ciências da religião.

[ ] Os estudos da religião na América Latina foram influenciados pelos estudos franceses e italianos relacionados ao tema da história da religião.

[ ] Desde o início da disciplina, autores enfatizaram os aspectos epistemológicos e metodológicos que se tornaram princípios estruturais dos estudos científicos da religião. Diversas ciências sociais contribuíram com seus métodos particulares para o desenvolvimento das pesquisas dos fenômenos religiosos.

Agora, marque a alternativa que contém a sequência correta.

A] V, F, V, F, V.
B] V, F, V, V, V.
C] V, V, V, F, V.
D] V, V, F, F, V.
E] V, V, V, F, V.

5. Em relação às ciências de apoio ao estudo das religiões, assinale a alternativa correta:

   A] Uma das subáreas mais proeminentes da disciplina são as ciências sociais voltadas ao estudo das religiões, como ocorre por meio do pensamento clássico da filosofia, com Durkheim e Weber.

   B] A tarefa do historiador não é a de narrar uma (ou mais) história(s) de vida(s), mas analisar como e quando dada posição/situação foi construída, por meio de quais mediações e de quais representações uma determinada doutrina eclesiástica se tornou revelação de uma religião.

   C] A escola italiana enfatiza a visão de Rafael Pettazzoni, para quem o estudo das religiões deve ser feito com base em sua inserção na história, já que uma análise distante das situações históricas em que elas se originaram e nas quais vieram ser transformadas no tempo seria uma observação abstrata e inexistente.

   D] As relações da filosofia com o cristianismo foram articuladas desde o início do pensamento cristão com as profundas interações entre o método da filosofia grega aristotélica em meio à progressão inicial da reflexão teológica ocidental e oriental, a qual foi orientada pelo movimento da patrística nos primeiros séculos.

   E] O sociólogo Max Weber publicou a obra *A ética protestante e o espírito do capitalismo* ao final do século XVI, na qual analisava o capitalismo ocidental segundo as influências religiosas na sociedade.

Atividades de aprendizagem

Questões para reflexão

1. O objetivo da sociologia das religiões é analisar a forma como os valores sagrados dos homens se tornam uma conduta ética para as suas vidas. Weber enfatizou que compreender essa relação é essencial para definir a maneira como a sociedade humana se organiza e se desenvolve historicamente. Comente essa afirmação.

2. O método de análise científica de fenômenos religiosos adotado por Max Weber buscou estabelecer uma relação de causalidade entre os aspectos da economia e da religião. Ele analisou inicialmente o capitalismo moderno em busca dos elementos distintivos que poderia encontrar nesse sistema econômico, a fim de formular o que denominou *tipo ideal*. Quais os elementos em comum que o sociólogo identificou ao analisar o capitalismo ocidental e o calvinismo reformado?

3. Comente a seguinte orientação metodológica de análise das religiões: deve-se primeiro perceber os elementos religiosos de uma determinada crença para, depois, analisar de que forma esses elementos influenciam as atitudes dos fiéis em sua dinâmica social e de que maneira a própria religião é influenciada por alguns movimentos sociais e culturais de sua época.

Atividade aplicada: prática

1. Com base no filme *Criação, a origem das espécies* e de seu tema principal, desenvolva uma reflexão sobre os debates e os conflitos entre religião e ciência nas primeiras décadas do século XXI.

O CONTEXTO CULTURAL DO SURGIMENTO DO CRISTIA-NISMO E O DESENVOLVI-MENTO INICIAL DA RELIGIÃO

Nesta seção, veremos como a organização política dos romanos e o ambiente intelectual dos gregos se tornaram a base religiosa e social do cristianismo inicial. Vamos destacar a escrita dos evangelhos, que narram a vida e os ensinamentos de Jesus, e como as crenças essenciais cristãs vieram a se tornar o Credo Apostólico.

Vejamos o contexto formativo cultural da região da Palestina naquela época:

> Palestina, a região onde o cristianismo deu os primeiros passos, foi sempre uma terra sofrida. Em tempos antigos, isso se deveu principalmente à sua posição geográfica, que a colocava na encruzilhada das grandes rotas comerciais que uniam o Egito à Mesopotâmia, e a Arábia à Ásia Menor. [...] No século IV a.C., um novo contendente entrou na arena: Alexandre e suas hostes macedônicas [...] Ainda que o caráter preciso do helenismo tenha variado de região a região, em termos gerais foi a bacia oriental do Mediterrâneo que lhe deu uma unidade que serviu primeiro à expansão do Império Romano e depois à pregação do evangelho. (González, 2011, p. 18)

Nesse sentido, entendemos como as condições geográficas e a localização da Palestina se tornaram aspectos importantes nas relações que vieram a integrar culturalmente essas diversas civilizações.

2.1 Contexto político e religioso das civilizações da Mesopotâmia e do Egito

A Mesopotâmia e o Egito são civilizações que floresceram na era de 4000 a 300 a.c. e suas culturas influenciaram o contexto das origens do cristianismo, tanto por sua proximidade territorial à Palestina quanto pelas relações desenvolvidas historicamente com o povo de Israel e o judaísmo e os impérios Alexandrino e Romano.

A seguir, vamos abordar mais detalhadamente cada uma dessas civilizações.

Mesopotâmia

Na civilização mesopotâmica, atual Iraque, o rei tinha poder absoluto e a classe dos nobres, dos sacerdotes, dos chefes militares e dos comerciantes deviam obediência ao monarca. Na religião, os mesopotâmios eram politeístas e seus deuses tinham as mesmas características dos humanos, com uma doutrina religiosa despreocupada de valores éticos e espirituais. Seus textos sagrados continham lendas e narrativas que descreviam a criação e o dilúvio. Havia consulta aos astros para a predição do futuro e do destino. Era uma religião que não oferecia esperança para a vida após a morte.

> Os deuses, personificação dos fenômenos naturais, eram imaginados com aparência antropomorfa e considerados seres dotados de uma potência superior à humana [...]. As muitas divindades [...] formam um panteão que variava de uma cidade para outra. O mundo divino refletia, assim, o humano, estruturado politicamente em cidades-Estados muitas vezes em conflito umas com as outras. (Greco, 2008b, p. 19)

Os mesopotâmios se organizavam socialmente sob o Código de Hamurabi, que era a base de direitos de quase todos os povos semitas – babilônios, assírios, caldeus e hebreus. Esse código também regulamentava as atividades profissionais e fixava os salários para pedreiros, marceneiros, marinheiros, pastores e camponeses.

Os cananeus e os hebreus herdaram alguns elementos da fé e costumes religiosos dessa civilização. Há indícios de que Abraão, o pai da fé monoteísta do Antigo Testamento, era oriundo da cidade de Ur, na Baixa Mesopotâmia, razão por que alguns traços das crenças da região podem ter sido adotados pelos hebreus, principalmente acerca da criação e do dilúvio, além de certos costumes que vieram a ser reforçados com a convivência oriunda do cativeiro babilônico dos judeus, entre 587 e 539 a.C.

A força cultural da rica e poderosa civilização mesopotâmica se estendeu, primeiramente, sobre os hebreus e, posteriormente, sobre os gregos e os romanos, vindo a influenciar as suas crenças religiosas com elementos das lendas e das práticas de adivinhação e da adoração aos deuses e aos planetas.

Egito

O Egito se estendia pelas margens do Rio Nilo em meio ao deserto do Saara. Era uma nação constituída por uma grande mistura de raças: negroides, líbios, semitas e diversos povos asiáticos. Sua cultura arquitetônica e artística e o uso dos hieróglifos desenvolveram uma nação que veio a trabalhar a pedra, o cobre e o couro de maneira distinta na história. Na agricultura, utilizavam técnicas de irrigação que garantia uma grande e farta produção de grãos.

> Peça-chave do sistema religioso egípcio, [o faraó] não só era o depositário do poder político e civil, como também era considerado a emanação e encarnação direta da divindade [...] O faraó era o grande ministro, responsável pela realização do culto, com a participação dos demais sacerdotes. Ao faraó correspondia um

destino glorioso no além, onde se identificava com Osíris e se convertia numa divindade imortal como as demais, justificando-se assim o esplendor e o volume das sepulturas faraônicas. (Greco, 2008b, p. 34)

O império egípcio era absoluto e teocrático, e o faraó representava a presença do deus vivo, não havendo separação entre a autoridade do Estado e da Igreja. A religião era politeísta e os deuses poderiam ser bons ou maus, atuando beneficamente e para proteger o povo ou praticando atos maléficos e impiedosos, o que desenvolvia uma religiosidade envolta em um círculo de dualismo. A principal divindade era o deus Sol, que representava a retidão e a justiça e era o protetor da ordem e da verdade, da moral e do universo.

Um dos maiores legados da civilização egípcia foi a influência que esta teve no desenvolvimento do conhecimento de pensadores gregos, como Tales e Pitágoras, e no planejamento e emprego da matemática na arquitetura e na construção das pirâmides. Seus conhecimentos deram origem ao alfabeto e foram utilizados no aperfeiçoamento da agricultura e da pecuária, na extração de minérios, no artesanato e na medicina. A influência egípcia para a civilização ocidental foi importante não somente para a religião, mas também para as áreas das artes e ciências, da filosofia e da moral, bem como para a política e para o aparelhamento social e econômico oriundos dessa civilização.

2.2 A Grécia Antiga: política, religião e filosofia

No propósito de destacar elementos culturais gregos que estabeleceram importantes fundamentos na sociedade em que o cristianismo veio a surgir como religião, iremos apresentar, de forma breve, alguns aspectos políticos da época e desenvolver o conteúdo central dos filósofos clássicos.

2.2.1 Política e religião

O sistema de governo da Grécia Antiga não a organizava como um país unificado politicamente, pois cada cidade tinha uma administração própria. Nesse contexto, a cidade de Atenas dedicava-se mais ao comércio com outras cidades e nações, o que também a influenciava para ser mais democrática, com seus representantes eleitos pela população; já a cidade de Esparta, que se dedicava à agricultura e ao fortalecimento do militarismo, vivenciava uma situação de governança mais totalitária.

> Para os gregos, as divindades, concebidas em forma humana, eram potências operantes, tinham templos e altares, recebiam orações, sacrifícios e oferendas. [...] O problema fundamental, de onde surgiu a reflexão, foi a pergunta relativa à origem das coisas, que encontrou no mito a primeira e mais espontânea resposta. As primeiras especulações filosóficas, baseadas no logos (pensamento racional) e no *mythos* (narração fantástica ou religiosa), foram as realizadas no âmbito da escola jônica, cujos membros Aristóteles definiu como "antigos fisiólogos". (Greco, 2008b, p. 45)

A civilização grega era humanista, e até na religião os deuses tinham as mesmas qualidades e os mesmos defeitos da espécie humana, com a diferença essencial de que as divindades eram bastante poderosas e também imortais. Nessa perspectiva, era uma civilização em que toda a sua cultura – a religião e a filosofia, a arquitetura e a escultura, a pintura e a música, o teatro e as práticas esportivas – era voltada para o desenvolvimento e as qualidades do ser humano. Essa valorização humanista do ser foi um elemento cultural incorporado posteriormente ao cristianismo e à civilização ocidental.

2.2.2 A filosofia clássica: Sócrates, Platão e Aristóteles

Sócrates, Platão e Aristóteles lançaram as bases do pensamento ocidental. O primeiro preocupou-se mais com a moral pessoal para aperfeiçoar o ser humano; o segundo voltou-se ao estudo da moral na política, como uma configuração para se melhorar o sistema; o terceiro também tinha essas preocupações, mas buscou desenvolver um método, que veio a ser denominado *lógica*, para realizar abordagens acerca da verdade e para organizar um sistema político que evitasse a corrupção. Além disso, Aristóteles organizou o pensamento sobre uma grande multiplicidade de assuntos, como astronomia, biologia, medicina e religião.

O pensamento filosófico desses pensadores clássicos teve uma grande influência no cristianismo e na civilização ocidental, por isso vamos explorar alguns elementos e conteúdos sobre seus métodos e suas reflexões.

Sócrates

Sócrates viveu de 469 a 399 a.C. Era considerado um homem íntegro e um soldado valente, bastante dedicado ao magistério. O seu método e sistema didático baseava-se no diálogo. A seguir, podemos observar algumas das características dos fundamentos de seu método dialético:

> Constava em dois momentos, a ironia (purificação do espírito) e a maiêutica (descobrimento, mediante a indução das verdades já existentes no espírito): pergunta e respostas que eliminavam, primeiramente, as opiniões falsas (ironia) e depois partejavam as ideias verdadeiras (maiêutica). Havia, pois, uma troca e análise de opiniões, estabeleciam-se e comprovavam-se definições provisórias, até que finalmente podia ser destilada a essência da

verdade, reconhecida e aceita por todos. Foi, pois, o filósofo das essências e das definições. (Becker, 1980, p. 139)

Sócrates é considerado o fundador do conhecimento e da moral. Concebia que o sujeito inteligente sempre prefere o bem, pois a maldade é uma ignorância. O seu preceito favorito era a frase *Conhece-te a ti mesmo*. Considerava que o espírito era um assunto digno de estudo, já que o verdadeiro eu não era o corpo, e sim a alma, a vida interior. Com base nessa concepção, provocou uma reação dos religiosos, que viam nele um novo contorno de ateísmo. Aristóteles atribuiu a Sócrates a descoberta e a definição de dois momentos de atribuição científica: o raciocínio indutivo e as definições universais.

Platão e Xenofonte se tornaram discípulos de Sócrates e o intitulavam como professor de ética, em quem não havia interesse algum pela filosofia abstrata nem pela criação de uma escola. Todavia, Platão sugere que a famosa teoria das ideias tem origem socrática. Sócrates acabou sendo acusado de agir contra o Estado, de corromper mentes jovens e de introduzir novos deuses na cultura, por isso foi condenado e morto aos 70 anos de idade.

Platão

Era discípulo de Sócrates e viveu entre 427 a 347 a.C. Foi o fundador de uma escola filosófica nomeada de *Academia*. Escreveu diversos livros e formulou a importante teoria das ideias. Platão acreditava que ocorriam constantes mudanças físicas, porém o mundo das ideias, que só a mente pode perceber, é um arquétipo de certa classe especial da realidade e das afinidades entre as realidades existentes na terra. Para Platão, há certas ideias acerca da forma da árvore, como sua cor, a proporção de seu tamanho e sua beleza, que se fundem com os conceitos do bem, da verdade e da beleza oriundos da perfeita ideia de Deus.

Como uma contribuição filosófica para o pensamento teológico, McGrath (2005, p. 271) destaca que "Platão atribuía uma importância especial à forma do bem e à noção do *logos* ('palavra', em grego), por meio do qual a lógica do universo é comunicada e definida". A noção platônica do *lógos* foi utilizada pelos primeiros teólogos cristãos para apresentar a maneira como o conhecimento dado por Deus poderia ser encontrado na cultura da humanidade, um pensamento filosófico grego que influenciou fortemente o pensamento cristão na história.

Platão colocava o aspecto físico como um plano inferior, orientando que as emoções deveriam se submeter à razão, além de considerar que o universo era regido por propósitos inteligentes. Na política, o pensamento filosófico platônico visava a um Estado que governasse o povo em um ambiente de serenidade, sem egoísmo e ambições, sem tantas lutas individuais e tantos conflitos de classes, sugerindo a ideia de uma constituição plena de liberdade e democracia para edificar um Estado harmônico e eficiente.

Aristóteles

Foi discípulo de Platão e viveu entre os anos 384 e 322 a.C. Fundou a escola denominada *Liceu*. Aristóteles gostava de ensinar os seus alunos enquanto andava pelos jardins da escola e escreveu tratados sobre os mais diversos assuntos, como zoologia e botânica, astronomia e oratória, poesia e artes, política e lógica, retórica e ética, com base no exame de fatos da realidade.

A lógica era a ciência do pensamento, segundo o método de conhecimento desenvolvido pelo filósofo, conforme explicação de Becker (1980, p. 142), para quem Aristóteles

> extraía das observações algumas premissas e delas tirava conclusões. Fundou a lógica formal, sobre a base do silogismo, tratado

que descreveu o raciocínio humano. A Igreja Católica, desde a idade Média, adotou Aristóteles como filósofo da sua lógica, através da escolástica de São Tomás de Aquino.

Para Aristóteles, Deus era a origem do movimento contido nas formas. Propunha que o cuidado com a saúde e o controle das emoções seriam a solução para os conflitos entre a alma e o corpo. Seu posicionamento político orientava que o Estado deveria ser dominado pela classe média, havendo respeito à propriedade privada e à ordenação de medidas preventivas acerca da concentração de riquezas.

No tocante ao cristianismo, Aristóteles foi responsável pelos fundamentos de um sistema filosófico utilizado para comunicar o conteúdo escolástico do período medieval. Reconhece-se que, até o final do século XVII, o pensamento ocidental veio a ser orientado principalmente pelo aristotelismo (McGrath, 2005, p. 272). Os teólogos cristãos do período inicial foram influenciados por Platão, e a teologia cristã medieval de Tomás de Aquino seguia os métodos aristotélicos com ponderações acerca da existência de Deus, conforme vemos no desenvolvimento dos argumentos das **cinco vias**.

Os filósofos clássicos gregos, Sócrates, Platão e Aristóteles, gostavam de meditar sobre a verdade absoluta e as leis universais eternas, porém as implicações e as análises de suas reflexões indicavam resultados concretos tanto para o entendimento da ciência quanto da astronomia, da biologia e da medicina. Além disso, todos concebiam que o mundo espiritual e material eram ambos importantes.

2.3 O Estado romano: sociedade, política e religião

A Grécia acabou sendo subjugada e reduzida a uma província romana em 146 a.c. O enorme legado cultural de sua civilização veio a ser grandemente transmitido à Europa Ocidental e ao mundo contemporâneo.

> Os primeiros cristãos eram judeus do século I, e como judeus escutaram e receberam o evangelho. Depois, a nova fé foi se propagando, tanto entre os judeus que viviam fora da Palestina como entre os gentios que viviam no Império Romano e ainda fora dele. Em consequência, a fim de compreender a história da igreja em seus primeiros séculos, devemos primeiro observar o mundo em que a igreja se desenvolveu. (González, 2011, p. 18)

O centro político de Roma tinha uma grande semelhança com as comunidades gregas, pois seus líderes buscavam se consolidar politicamente, com a supremacia do rei sobre os súditos e do chefe de família sobre o lar. O Senado delegava o treinamento de sua autoridade ao rei e o Conselho de Anciões dirigia os clãs e suas famílias. Havia um espírito conservador que mantinha os militares submissos ao rei, sob um caráter nacionalista que sempre os fazia oprimir os adversários do monarca.

> Se em todas as sociedades, antigas e modernas, a religião possui influência política, em Roma a religião se distingue pela relevância especial de sua dimensão pública. A *populi romani religio* é, ao mesmo tempo, teoria religiosa e doutrina de Estado. O culto aos deuses se expressa através de algumas práticas que a sociedade herdou de seus antepassados, e não pode alterá-las sob pena de cair num culpado *superstitio*. (Greco, 2008b, p. 76)

Os patrícios formavam a categoria aristocrática do império e constituíam a classe da população romana. Os cidadãos detinham os direitos políticos e os cargos públicos, além da condição do voto, vindo a usufruir do poder econômico e do monopólio sobre a religião e os sacerdotes. A condição da mulher as tornava dependentes do pai quando solteiras e do marido após o casamento; as viúvas dependiam do filho mais velho. Havia o casamento religioso e o civil, e o divórcio era permitido na lei da república imperial somente em casos excepcionais.

A península itálica era formada por vários povos: gauleses de origem céltica ao norte, etruscos e italiotas no centro e gregos ao sul. Segundo Becker (1980), a reunião das famílias ocorria com base nos "gens" (estirpe), ou seja, por familiares que tinham um antepassado comum, sendo que a reunião de grupos de dez "gens" formava uma cúria (bairro) e diversas cúrias formavam uma tribo, as quais chegavam a ter de 30 a 40 mil habitantes. As três tribos formadas por latinos, sabinos e etruscos eram lideradas por chefes que constituíam o Senado e o Conselho de Anciões, os quais deveriam fornecer os soldados da infantaria, os centuriões e as decúrias; os cavaleiros com montaria formavam as legiões, as quais tinham a função de proteger a população romana. Esses grupos também cuidavam da urbanização da cidade e da plebe, além de regular e manter a obediência dos escravos.

A religião romana era semelhante à religião dos gregos, com uma adoração politeísta e divindades plenas de características e desejos humanos. Os deuses assumiam a forma humana e não tinham nenhum sentido ético. Os romanos praticavam o culto oficial e o familiar, e durante a realização do culto doméstico havia a veneração da alma dos antepassados em um altar com pequenas imagens para as quais eram dedicados alguns alimentos. A religião do Estado era pública. Os deuses romanos se identificavam com os deuses gregos. Havia tolerância e admissão da celebração de cultos a essas divindades. A religiosidade romana não guardava normas éticas porque a ideia era desenvolver o contato entre deuses e homens. Os sacerdotes eram adivinhos e sondavam o futuro nas entranhas dos animais. Praticava-se, ainda, procissões públicas.

Os sacerdotes romanos e gregos agrupavam-se em colégios de maior importância, e os pontífices dirigiam as cerimônias e os ritos do calendário romano. As vestais, sacerdotisas de Vesta, eram encarregadas de manter aceso o fogo sagrado da cidade. Os membros do clero que sabiam interpretar a vontade dos deuses nos presságios e oráculos eram considerados adivinhos oficiais do Estado.

Algumas transformações no sistema político e social romano surgiram com a implantação da república, fazendo com que a plebe conquistasse direitos, o que deu ao governo um aspecto mais democrático; a autoridade do rei acabou sendo ocupada pelos cônsules. Estes eram magistrados eleitos anualmente para comandar os exércitos, presidir o Senado, criar as leis e praticar a celebração dos sacrifícios de animais da cidade. Enquanto um cônsul dirigia a guerra, o outro deveria assumir as atividades administrativas da república; havia casos excepcionais em que um deles poderia se tornar um ditador para cuidar e proteger os interesses do Estado.

Os senadores eram vitalícios, mas poderiam ser destituídos do poder caso necessário, por exemplo, se a sua vida particular não fosse digna da função e da autoridade. Também participavam dos comícios, quando eram escolhidos pelos patrícios e plebeus para falar de assuntos religiosos e de necessidades particulares dos cidadãos romanos.

Os hábitos e os costumes romanos eram baseados em tradições orais, até que a plebe começou a exigir a composição de instruções em leis escritas, para que não ocorressem abusos e para haver mais igualdade na solução de problemas. A Lei das XII Tábuas (451-450 a.C.) foi escrita por legisladores, gravada em tábuas de bronze que ficavam expostas no Fórum, inspiradas na obra jurídica de Sólon. Esse foi um período em que o direito romano se tornou público tanto para patrícios como para plebeus.

Com a conquista de Cartago e da Grécia, as agitações políticas internas levaram o Estado de Roma a vivenciar uma grave guerra civil, com uma grande massa de cidadãos pobres e dos latifúndios explorados por escravos vindo a desejar ideias próximas do socialismo, que versavam sobre os direitos que o proletário poderia ter para se apossar de terras do Estado. Após muitas lutas e guerras entre os romanos, os jurisconsultos, que eram os estudiosos das leis, as interpretaram nos tribunais e proveram ao direito romano um sentido mais humano e liberal, desenvolvendo o direito à dignidade, à liberdade e à justiça entre os cidadãos.

2.4 Cristianismo: origens

Assim que a civilização romana atingiu seu esplendor, alcançando também a Palestina, nasceu uma nova religião chamada *cristianismo* no centro geográfico e político da história do povo judeu, em Jerusalém. Essa religião começou conquistando os plebeus, os escravos e os doentes, até que no século IV conquistou as massas do povo romano, com a conversão do Imperador Constantino.

> O cristianismo teve suas origens na Palestina, mais especificamente na região da Judeia, em particular na cidade de Jerusalém. Esse movimento via a si mesmo como uma continuação e uma evolução do judaísmo e, a princípio, floresceu em regiões às quais o judaísmo estava tradicionalmente associado, sobretudo na Palestina. Entretanto, rapidamente se espalhou para as regiões vizinhas, em parte por meio dos esforços dos primeiros evangelistas cristãos, como Paulo de Tarso. (McGrath, 2005, p. 39)

Jesus de Nazaré, descendente da casa de David, pregou entre os hebreus na época do Imperador Tibério, quando a Palestina era dividida em Judeia, Galileia e Samaria. A região estava dominada pela crueldade e violência dos romanos. Após a morte de Jesus, seus apóstolos continuaram a espalhar a doutrina do evangelho entre judeus e gentios e, ainda, a civilização grega; o grego foi o idioma original da escrita do Novo Testamento.

O nascimento do cristianismo na Galileia surgiu junto com a própria história do Império Romano, em meio a uma relação social e cultural vivenciada com o povo judeu. Na época em que Jesus de Nazaré viveu, a liderança da Palestina era da administração romana, que veio a perseguir os seguidores de Cristo, acusando-os de não cultuar o imperador e os deuses romanos. Esse fato se tornou bastante grave durante o governo de Nero, entre 54 e 68 d.C., com o imperador vindo a responsabilizar os cristãos pelos problemas socioeconômicos do império.

Acerca do contexto religioso do surgimento da religião cristã, e conforme o conteúdo cultural que vimos sobre as civilizações que contribuíram com elementos diversos para a formação desse período histórico, o fato é que o cristianismo surgiu em um mundo bastante politeísta. Uma das primeiras tarefas de seus pensadores foi a de desenvolver uma distinção acerca do Deus cristão e, igualmente, afirmar qual seria sua relação com o Deus veterotestamentário de Abraão, Isaque e Jacó (McGrath, 2005, p. 175).

A seguir, veremos reflexões que promoveram o desenvolvimento doutrinário da religião e a forma como o cristianismo foi gravemente influenciado e movido pelo contexto existente desde sua origem, rodeado que estava por elementos religiosos judaicos e greco-romanos.

2.5 Cristianismo: influências do judaísmo e do Império Romano

Em meio à organização política dos romanos e do ambiente intelectual dos gregos, a religião do cristianismo encontrou uma base de sustentação social e religiosa no judaísmo. No entanto, os gregos buscavam encontrar Deus na razão e os judeus, na religião de Abraão, enquanto que a nova religiosidade estava centrada na cruz de Cristo. Nessa configuração histórica, o judaísmo também trouxe uma herança monoteísta para o cristianismo, vindo a abrigar em sua tradição o nascimento da nova fé. Esse é um aspecto importante da consolidação inicial do cristianismo, posto que nasceu em meio a um período conturbado, com grandes transformações sociais e espirituais.

O judaísmo tinha os princípios religiosos do monoteísmo e da esperança messiânica, além de promover o sentido ético da religião na essência dos dez mandamentos. Estes deveriam ser aplicados à vida cotidiana, em uma obediência que os tornava cruciais ao entendimento da salvação que vinha de Deus, pela qual Ele libertava seu povo da desobediência do pecado. Essa é uma ideia subjetiva da religião, a qual encontrou na mensagem do cristianismo a sua continuidade e a sua resolução.

O Antigo Testamento trazia os ensinamentos fundamentados na lei mosaica, a Torá, que desenvolvia a fé judaica, relatando a criação e o compromisso de Deus com seu povo conforme fora revelado por Abraão e Moisés. Constitui-se em um conteúdo que faz parte da Bíblia, o qual se tornou igualmente o livro sagrado dos cristãos. Nesse contexto, a religião do Islamismo dependia de seu fundador, Maomé, para obter dele o seu livro sagrado, o Alcorão; já o cristianismo iniciou-se no advento do messias, porém, com base nos textos do Antigo Testamento judaico, que prometiam a vinda de um salvador, conforme Jesus veio a ser reconhecido por seus discípulos nos textos que deram origem ao Novo Testamento.

Segundo González (2011, p. 18),

> os primeiros cristãos – entre eles Paulo – não criam que o tempo e o lugar do nascimento de Jesus foram deixados ao acaso. Pelo contrário, eles viam a mão de Deus preparando o advento de

Jesus em todos os acontecimentos anteriores ao Natal e em todas as circunstâncias históricas que o rodearam.

Nesse contexto, o mundo mediterrâneo, com somente uma cultura e uma língua comum, e a localização da Palestina favoreceram o crescimento da religião via terrestre, unindo a Ásia, a África e a Europa.

Na análise de alguns dos elementos da religião cristã estabelecidos culturalmente a partir da história de Cristo, um significado diferencial surgiu da contribuição renovada dada à valorização do ser humano. Na concepção cristã, isso trouxe o subsídio da humanização da vida, ou seja, ideias sobre a derrubada de barreiras sociais e raciais e a busca da melhoria das condições para todas as pessoas. Havia valores e princípios na religião do cristianismo que promoveriam uma reforma da conduta ética e social, além do aspecto assumido pela literatura e pelas artes, influenciando várias nações. Esses valores e princípios percorreram os fins do período antigo e a Idade Média, vindo a gerar uma agitação global também no mundo contemporâneo.

O desenvolvimento histórico do Império Romano no surgimento do cristianismo se manteve desde o ano 27 a.C. até a sua queda, em 476 d.C. Foi uma época em que o império se transformou em república, na qual Roma se desenvolveu grandemente até atingir um grande poder sobre as regiões e os povos conquistados, alcançando, no auge de suas conquistas, um território de cerca de sete milhões de quilômetros quadrados.

Nesse período, a principal característica da economia era a realização de atividades comerciais, com poucas atividades agrárias, vindo a utilizar as benesses dos territórios conquistados. Contava com o trabalho ordinário e os recursos dos escravizados das províncias dominadas. Seu primeiro imperador foi Otávio, mas Júlio

César foi o grande expoente do Império Romano, cuja liderança acabou atribuindo o nome *César* a outros imperadores da história.

Ainda durante o desenvolvimento histórico do Império Romano, os cristãos sofreram perseguições por aproximados 250 anos, até que no ano de 313 o Imperador Constantino publicou o Edito de Milão, que concedia a liberdade de culto aos habitantes do império. Em 391, o Imperador Teodósio transformou o cristianismo na religião oficial do Império Romano, pela promulgação do Edito de Tessalônica.

Esses procedimentos de oficialização do cristianismo como religião oficial romana proporcionaram uma conexão histórica com a formação e os fundamentos da Igreja Católica, que consagrou a estrutura administrativa do Império Romano em suas tradições. A Idade Média acabou sendo marcada pela tentativa de conciliar a fé e a razão devido a uma tendência oriunda das filosofias patrística e escolástica.

Segundo o olhar das ciências da religião, o período histórico e a cultura influenciaram grandemente a organização e o desenvolvimento intelectual do cristianismo, desta vez, com essa religião associada aos modelos de governo e de administração oriundos do Império Romano.

2.6 O desenvolvimento inicial do cristianismo e a organização do pensamento teológico cristão na patrística

A história da vida de Jesus de Nazaré encontra-se narrada nos quatro evangelhos autorizados que levam os nomes de seus escritores, os apóstolos Mateus, Marcos, Lucas e João. Bem mais do que uma espécie de biografia do profeta e personagem central do cristianismo, os evangelhos abordam especialmente o seu nascimento e o batismo com base nas profecias e nas genealogias dos profetas do Antigo Testamento, deixando ausentes quaisquer informações de sua adolescência e mocidade, vindo a registrar de maneira detalhista e pormenorizada os últimos três anos de sua vida. Esse período foi reconhecido como o de seu ministério público, em que Jesus visitou especialmente a Galileia e a Judeia para realizar milagres e curas, além de ministrar a palavra de Deus e anunciar a chegada do reino dos céus a este mundo.

> No reino de Deus que se estava inaugurando, não haveria espaço para violência de qualquer tipo, para os julgamentos maliciosos, para a ânsia de riqueza e de ascensão social, para os valores e prioridades da sociedade comum encerrada no ciclo de nascimento, casamento, morte, aquisição e gasto. Por um enorme paradoxo, os que Jesus chama "bem-aventurados" não se encontram entre os vencedores, mas entre os pobres e os humildes, os puros de coração, os perseguidos por causa de sua retidão. (Chadwick; Evans, 2007, p. 14)

Segundo o estudioso anglicano John Stott (1996), os evangelhos são narrativas históricas diversas e complementares em seus detalhes, que refletem em seus pontos de vista distintos a própria personalidade dos escritores, pois as suas histórias de vida e suas formações intelectuais e religiosas acabaram orientando a maneira como investigaram e anotaram as experiências e as ministrações de Jesus, até escrevê-las de forma ordenada e em um conteúdo relacionável por temas. Nas palavras desse mesmo autor,

> no caso dos Evangelhos [...] parece que os evangelistas planejaram suplementar um ao outro à luz de seus propósitos e preocupações individuais. Assim, Mateus expandiu muito Marcos, Lucas influiu novas ênfases no material extraído dos outros dois e acrescentou ainda mais, e João pintou um retrato de Jesus que foi além dos

outros três, tanto em conteúdo quanto em profundidade espiritual. (Stott, 1996, p. 10)

Os evangelhos de Mateus, Marcos e Lucas são denominados *sinóticos*, ou *semelhantes*, em razão de sua proximidade narrativa, já que se preocupam em descrever a vida de Jesus sob uma perspectiva histórica e progressiva, anotando ordenadamente fatos e cenas de seu nascimento, seu batismo e sua tentação, além de suas viagens pela Galileia e pela Judeia até a última semana em Jerusalém, onde ocorreu sua morte e ressurreição – a Paixão e a Páscoa. O Evangelho de João inicia-se com o anúncio da personalidade eterna e espiritual do Cristo e utiliza grande parte da narração para apresentar sua última semana em Jerusalém, além de agregar diferentes declarações que denotam a divindade e a existência distintas de Jesus perante o resto da humanidade.

Os primeiros discípulos e seguidores de Jesus Cristo o consideravam como o Messias das Escrituras, "um escolhido de Deus", enviado aos homens de acordo com as profecias do Antigo Testamento de Israel – *Senhor Jesus Cristo*, conforme veio a ser reconhecido no decorrer da história do cristianismo. "Os cristãos dão muita importância à história da crucificação, ressurreição e ascensão de Jesus. Jesus sofreu, morreu e foi sepultado, ressuscitando para salvar aqueles que acreditavam nele e ascendendo aos céus para governar o mundo ao lado de Deus Pai" (Fortino, 2014, p. 202).

A mensagem do evangelho (boas-novas) do cristianismo revela o anúncio de que, para os seres humanos serem considerados justos –, no propósito de que consigam se relacionar livre e espiritualmente com Deus Pai Altíssimo, mesmo que envoltos em seus pecados –, faz-se necessário crer que foram perdoados em Jesus, buscando o consequente arrependimento de suas faltas perante Deus e os homens. Afinal, Jesus Cristo morreu na cruz e, assim, recebeu sobre si a penalidade extrema do pecado, a morte espiritual da humanidade, a qual surge factualmente na morte física que rege a existência humana neste mundo.

Essa mensagem foi o conteúdo teológico e institucional da organização do cristianismo como uma religião estabelecida entre os homens e na sociedade. Ao final do primeiro século, já havia alcançado praticamente toda a área do Mediterrâneo oriental.

Assim, as perseguições feitas pelas lideranças judaicas e pelos governantes romanos, que se tornaram bastante graves a partir da década de 50 pelas denúncias do Imperador Nero, acabaram promovendo a fuga dos discípulos de Jerusalém para os territórios mais distantes do império. A mensagem do evangelho também começou a encontrar guarida no coração dos gentios, os quais foram evangelizados especialmente pelo Apóstolo Paulo, que se tornou o principal missionário cristão nas primeiras décadas após a morte e a ressurreição de Jesus.

As Epístolas de Paulo para as igrejas que fundou e/ou orientou como autoridade espiritual autorizada são uma amostra do grande desenvolvimento da nova religião ainda no primeiro século, tendo alcançado muitas regiões e cidades situadas entre a Jerusalém da Palestina e a Roma do Ocidente. Dessas cartas, destacamos aquelas enviadas aos romanos e coríntios (da cidade de Corinto) e aos efésios e gálatas (da cidade de Éfeso e da região da Galácia, respectivamente), além das cartas de orientação a Timóteo e a outros discípulos.

Conforme Fortino (2014, p. 202),

> desde seu início na Judeia romana [...] o cristianismo moldou a cultura de grande parte da civilização ocidental. Os primeiros cristãos foram perseguidos tanto por autoridades judaicas quanto pelo Império Romano, e muitos foram mortos. Mesmo assim, a religião resistiu, sob a liderança da primeira Igreja. Gradualmente,

o cristianismo passou a ser tolerado pelos líderes romanos e, após o Concílio de Niceia... foi adotado como religião oficial do Império Romano em 380 d.C.

Segundo McGrath (2005), enquanto as lideranças cristãs da cidade de Roma fortaleciam suas influências sobre as igrejas e sobre seguidores residentes no grande território do império – o que também gerou as primeiras tensões entre Roma e Constantinopla –, alguns centros de estudos doutrinários eram organizados em determinadas regiões, como na cidade de Alexandria, situada no Egito, com um centro educacional relacionado à tradição platônica; na cidade de Antioquia, na atual Turquia, região que auxiliou grandemente no desenvolvimento da doutrina da Trindade; na região norte da África, atual Argélia, que confrontava abertamente a liderança de Roma e era a localidade de importantes escritores cristãos, como Tertuliano e Santo Agostinho. Ainda conforme McGrath (2005),

> o termo "patrístico" [...] tanto designa o período referente aos pais da igreja quanto as ideias características que se desenvolveram ao longo desse período. [...] esse termo representa algo definido de forma vaga que frequentemente é considerado como o período a partir do término dos documentos do Novo Testamento (100 d.C.) até o decisivo Concílio da Calcedônia (451). (McGrath, 2005, p. 39-41)

> O período patrístico[1] representa um dos mais empolgantes e criativos da história do pensamento cristão [...] Todos os principais ramos da igreja cristã – incluindo as igrejas anglicanas, ortodoxa oriental, luterana, reformada e católica romana – consideram o período patrístico como um marco decisivo na evolução da doutrina cristã. Cada uma dessas igrejas se considera como uma

---

1 *Patrístico*: origina-se da palavra *pater, pai*, em referência tanto aos pais da Igreja quanto ao pensamento teológico por eles desenvolvido nos primeiros séculos do cristianismo.

continuação, uma extensão e, naquilo que for necessário, uma crítica às visões dos escritores da igreja primitiva. (McGrath, 2005, p. 42)

O símbolo e a representação teológica de unidade conceitual que identifica as mais diversas igrejas e denominações consideradas pertencentes ao cristianismo no decorrer da história receberam sua forma fixa no Período Patrístico, ainda no quarto século, com a finalização do conteúdo do Credo Apostólico. Essa declaração, que contém os elementos essenciais da fé cristã, tornou-se o conteúdo a ser afirmado por todos aqueles que desejavam ser batizados a fim de se tornarem cristãos nas cerimônias de recepção de novos convertidos à religião do cristianismo, as quais começaram a ser organizadas desde os primeiros movimentos da Igreja primitiva. A seguir, destacamos alguns de seus principais elementos:

> Creio em Deus, o Pai todo-poderoso, criador dos céus e da terra.
>
> Creio em Jesus Cristo, seu único Filho, nosso Senhor,
>
> Ele foi concebido por obra do Espírito Santo e nasceu da virgem Maria.
>
> [...] foi crucificado, morto e sepultado. [...] Ressuscitou no terceiro dia,
>
> Subiu aos céus e está sentado à mão direita do Pai. [...]
>
> Creio no Espírito Santo, [...] na ressurreição do corpo e na vida eterna. Amém. (McGrath, 2013, p. 7)

Podemos observar a grande influência da religião do cristianismo em nossa sociedade pelo conhecimento cotidiano contemporâneo que temos do próprio conteúdo do Credo Apostólico. Esse é um aspecto revelador do modo como essa religião se tornou uma força cultural da civilização ocidental.

Sobre a forma como as civilizações antigas vieram a influenciar o cristianismo e o Ocidente, em uma reflexão que percebe conexões históricas que geram fundamentos culturais remanescentes na civilização ocidental contemporânea, importa ressaltar que o estabelecimento das primeiras sociedades na Antiguidade requeria instituições políticas fortes, com a definição da personalidade e dos poderes da autoridade soberana da nação. O objetivo era o de superar os questionamentos e os conflitos, especialmente aqueles vindos da própria população, e um passo importante nesse sentido foi unificar ou aproximar as figuras das autoridades política e religiosa. Esse fato, posteriormente, gerou a própria "divinização" do chefe político, conforme aconteceu na Mesopotâmia e no Egito antigos e com Alexandre, o Grande e o César Augusto romano. Nessa perspectiva, as religiões se tornaram práticas culturais essenciais para a organização política dessas nações e um aspecto bastante influente em sua progressão histórica, pois o poder político autorizava o poder religioso e vice-versa. Trata-se de uma experiência que se tornou preponderante no desenvolvimento da Igreja cristã na Idade Média, tanto porque a Igreja Católica Apostólica Romana utilizou a organização territorial do Império Romano em sua organização eclesial como porque serviu-se de seu modelo de administração regional hierárquico, centrado na figura do Papa (Claval, 2011).

No próximo capítulo, apresentaremos alguns dos elementos que foram cruciais para a queda do Império Romano, além de analisarmos o desenvolvimento do cristianismo no decorrer da Idade Média.

SÍNTESE

Neste segundo capítulo, vimos como as civilizações da Mesopotâmia, do Egito, da Grécia e da Roma antigas vieram a influenciar o contexto cultural do nascimento do cristianismo. A Mesopotâmia se destacou pela herança cultural do Código de Hamurabi, além de conter em sua religiosidade alguns elementos relacionáveis à fé de Abraão, como as narrativas da criação e do dilúvio. A civilização do Antigo Egito acreditava na vida após a morte e que havia um destino para a existência dos mortos, com grande reverência em sua cultura a esses temas.

Abordamos, ainda, os últimos séculos antes de Cristo, marcados pela supremacia e pelo desenvolvimento da Grécia Antiga, que, por meio de reflexões acerca da existência do ser e pela sua organização política, vieram a fundamentar o ambiente cultural em que nasceu o cristianismo. Os métodos de reflexão da filosofia clássica e a investigação da existência em bases racionais se tornaram um legado grego que acompanhou o pensamento teológico cristão durante toda a sua história. Os valores humanistas gregos também influenciaram essa religião.

Tratamos do Império Romano, civilização em que o cristianismo surgiu na história, o que gerou uma integração cultural distinta e essencial para entendermos a evolução dessa religião em seus primeiros séculos. Os romanos desenvolveram uma religião estatal, e sua organização administrativa veio a influenciar o planejamento eclesiástico do cristianismo do primeiro milênio.

As regras sociais e religiosas hebraicas do Antigo Testamento se tornaram as bases do nascedouro e do desenvolvimento da religião cristã, porque esta se apresenta como a herdeira profética das promessas de fé dadas a Abraão e Moisés, consumadas na vida de Jesus de Nazaré, o messias do cristianismo. Os primeiros séculos da história da religião cristã foram marcados pela perseguição romana devido ao conflito religioso e político que os cristãos geravam no império. Também houve a aceitação e posterior oficialização do cristianismo nessa civilização, a partir do século IV, com os editos que liberaram e depois tornaram oficial essa religião.

Vimos como a religião do cristianismo atuou grandemente no desenvolvimento da civilização ocidental desde o primeiro século da nossa era. Reconhecemos como a definição de sua doutrina teológica essencial, o Credo Apostólico, até hoje bastante conhecido e citado, revela a força cultural dessa instituição religiosa na sociedade.

Por fim, destacamos a maneira como a cosmovisão ocidental recebeu as bases culturais fundamentais da civilização greco-romana, que legou aos povos europeus e americanos uma compreensão racionalista da realidade, a qual se tornou base reflexiva para o modo como organizamos a sociedade hoje. Além destes, citamos os valores éticos judaico-cristãos, que têm norteado nossa moral e nossos costumes nos últimos séculos.

INDICAÇÕES CULTURAIS

KELLY, J. N. D. **Patrística**: origem e desenvolvimento das doutrinas centrais da fé cristã. Tradução de Márcio Loureiro Redondo. São Paulo: Vida Nova, 2009.

Uma obra de referência para teólogos, historiadores e interessados no entendimento das bases da fé cristã, bem como aos que desejam um melhor entendimento do cristianismo. Esse livro destaca os enfrentamentos da patrística, que buscava separar a verdade do erro e a sã doutrina da heresia, com o propósito de dar visibilidade a esse confronto histórico de pensamentos e reflexões, especialmente na forma como influenciaram e conduziram a elaboração das principais doutrinas cristãs, desde o final do primeiro século até o Concílio de Calcedônia.

PAULO, Apóstolo de Cristo. Direção: Andrew Hyatt. EUA, 2018. 106 min.

A narrativa do filme é muito interessante, pois traz tanto o pensamento do apóstolo Paulo – um líder cristão com profundo conhecimento do judaísmo – como também apresenta a organização da Igreja cristã em seus primeiros anos, quando se reunia ocultamente por causa da perseguição que sofria do Império Romano. O contexto histórico desenvolvido auxilia a compreender a situação do cristianismo em Roma no primeiro século, pois o filme revela tanto as reflexões religiosas de Paulo quanto as angústias e as dificuldades dos cristãos que viviam com os romanos logo nas primeiras décadas após a morte e a ressureição de Jesus Cristo. Trata-se de uma produção com poucos recursos, mas que consegue apresentar de maneira interessante algumas nuances do primeiro século em Roma. Por ser um filme mais intimista e preocupado com as reflexões e os sentimentos humanos, ajuda na compreensão da espiritualidade humana e da religiosidade do cristianismo.

Atividades de autoavaliação

1. Em relação aos elementos culturais da Mesopotâmia, do Egito e da Grécia Antiga, assinale V para assertivas verdadeiras e F para as falsas.

    [ ] Os mesopotâmios eram politeístas e tinham deuses antropomórficos, com uma religião despreocupada de valores éticos. Consultavam os astros na predição do destino, sem oferecer esperança para a vida após a morte. O Código de Hamurabi era a base de direitos dos povos semitas: babilônios, assírios, caldeus e hebreus.

    [ ] A cultura mesopotâmica se estendeu sobre gregos e romanos, vindo a influenciar crenças religiosas com os elementos das lendas e práticas de adivinhação, adoração aos deuses e aos planetas.

O contexto cultural do surgimento do cristianismo e o desenvolvimento inicial da religião

[ ] O faraó era depositário do poder político e civil, considerado a emanação direta da divindade. Havia um destino glorioso para o faraó no além, onde se identificava com Osíris e se convertia em uma divindade imortal.

[ ] O sistema de governo da Grécia Antiga organizava todo o país de forma unificada na política, o que foi bastante importante para o fortalecimento e o desenvolvimento do império de Alexandre, o Grande.

[ ] As primeiras especulações filosóficas baseadas no *lógos* (pensamento racional) e no *mythos* (narração fantástica ou religiosa) foram as realizadas no âmbito da escola jônica.

Agora, assinale a alternativa que contém a sequência correta:

A] V, V, F, F, V.
B] V, V, F, V, F.
C] V, V, V, F, V.
D] V, F, V, V, V.
E] V, V, V, F, F.

2. Sobre a filosofia clássica, assinale a alternativa correta:

A] Sócrates, Platão e Aristóteles lançaram as bases do pensamento oriental. Sócrates voltou-se à moral pessoal no objetivo de aperfeiçoar o ser; Platão voltou-se ao estudo da moral na política para melhorar o sistema; Aristóteles desenvolveu um método denominado *lógica* para realizar abordagens acerca da verdade e organizar um sistema político contra a corrupção.

B] Platão atribuía uma importância especial à forma do bem e à noção do *lógos* ("palavra", em grego), por meio do qual a lógica do universo é comunicada e definida.

C] Aristóteles escreveu tratados sobre os mais diversos assuntos, como zoologia, botânica, astronomia, oratória, poesia, artes, política e lógica, com base no exame de fatos da realidade, vindo a influenciar o pensamento cristão da patrística nos primeiros séculos.

D] A noção platônica do *lógos* foi utilizada pelos primeiros teólogos hebreus para apresentar a maneira como o conhecimento dado por Deus poderia ser encontrado na cultura da humanidade.

E] Segundo Aristóteles, Deus era a origem do movimento contido nas formas e propunha que o cuidado da saúde e do controle das emoções seria a solução para os conflitos entre a alma e o corpo. Seu posicionamento político orientava que o Estado deveria ser dominado pelos monarcas.

3. Em relação ao Estado romano, aos aspectos e às influências no contexto social de surgimento do cristianismo, assinale a alternativa correta:

A] Roma tinha uma grande semelhança com as comunidades egípcias, pois os líderes romanos buscavam se consolidar pela supremacia do rei sobre os súditos. O Senado delegava o treinamento de sua autoridade ao rei e o Conselho de Anciões dirigia os clãs e as famílias.

B] Se em todas as sociedades a religião tem influência política, em Roma a religião se distinguia pela relevância especial de sua dimensão pública. A *populi romani religio* era teoria religiosa e doutrina de Estado. O culto aos deuses se expressava por meio de algumas práticas que a sociedade herdou de seus antepassados, as quais não pode alterar sob pena de cair em um culpado *superstitio*.

C] A religião romana era semelhante à egípcia, havendo uma adoração politeísta, com divindades plenas de características e desejos humanos, na qual os deuses assumiam a forma humana e não tinham nenhum sentido ético. Os romanos praticavam o culto oficial e o familiar; durante a realização do culto doméstico, havia a veneração da alma dos antepassados em um altar com pequenas imagens para as quais eram dedicados alguns alimentos.

D] Os costumes romanos eram baseados em tradições orais, até que houve a composição de instruções em leis escritas. A Lei das X Tábuas (451-450 a.c.) foi gravada em tábuas de bronze expostas no fórum; esse foi um período em que o direito grego se tornou público.

E] Agitações políticas internas levaram o Estado romano a vivenciar uma grave guerra civil. Após a ocorrência de muitas lutas entre os romanos, os jurisconsultos interpretaram as leis nos tribunais e deram ao direito romano um sentido monárquico, promovendo maior autoridade ao Estado e ao controle cultural.

4. Sobre o contexto do surgimento da religião cristã, assinale V para as assertivas verdadeiras e F para as falsas.

[ ] Em meio à organização política dos romanos e ao ambiente intelectual dos gregos, o cristianismo encontrou uma base de sustentação social e religiosa no judaísmo. Os gregos buscavam encontrar Deus na razão, enquanto os judeus queriam encontrá-lo na religião de Abraão. A nova religiosidade estava centrada na cruz de Cristo.

[ ] O judaísmo propiciou uma herança monoteísta para o cristianismo, vindo a abrigar em sua tradição o nascimento da nova fé. Esse é um aspecto importante da consolidação inicial do cristianismo, que nasceu em um período conturbado, de grandes transformações sociais.

[ ] O Antigo Testamento tinha ensinos fundados na lei mosaica, a Torá, que desenvolvia a fé judaica, relatando o compromisso de Deus com seu povo conforme revelado por Abraão e Moisés, um conteúdo da Bíblia que se tornou igualmente

o livro sagrado dos cristãos. Nesse contexto, o cristianismo iniciou no advento do messias, com base nos textos do Antigo Testamento judaico, que prometiam a vinda de um salvador.

[ ] Os primeiros cristãos não criam que o tempo e o lugar do nascimento de Jesus foram deixados ao acaso. Pelo contrário, eles viam a mão de Deus preparando o advento de Jesus em todos os acontecimentos anteriores ao Natal e em todas as circunstâncias históricas que o rodearam.

[ ] A posterior oficialização do cristianismo como religião de Roma a partir do século IV propiciou uma conexão histórica com a formação e os fundamentos da Igreja Católica, que consagrou a estrutura administrativa do Império Romano em suas tradições.

Agora, assinale a alternativa que contém a sequência correta:

A] V, V, F, V, V.
B] V, V, V, F, V.
C] V, F, V, F, V.
D] V, V, V, V, F.
E] V, V, V, V, V.

5. Em relação ao surgimento e à consolidação do cristianismo, assinale V para as assertivas verdadeiras e F para as falsas.

[ ] No reino de Deus inaugurado em Jesus, não haveria espaço para violência e julgamentos maliciosos, para ânsia de riqueza e ascensão social, para valores e prioridades da sociedade comum encerrada no ciclo de nascimento, casamento, morte, aquisição e gasto. Jesus vai chamar de *bem-aventurados* os pobres e os humildes, os puros de coração e os perseguidos por causa de sua retidão.

[ ] A vida de Jesus foi narrada nos quatro evangelhos que levam os nomes dos escritores e apóstolos Mateus, Marcos, Lucas

e Barnabé. Eles narram de maneira detalhista os últimos três anos da vida de Cristo, período em que visitou a Galileia e a Judeia para realizar milagres e curas, além de ministrar a palavra de Deus e anunciar a chegada do reino dos céus a este mundo.

[ ] Houve uma escrita complementar entre os autores Mateus, Marcos e Lucas, posto que Mateus trouxe mais elementos aos fatos narrados por Marcos e Lucas abordou aspectos e ênfases ao conteúdo dos dois primeiros. João apresentou novos conteúdos, com maior profundidade espiritual, acerca dos atos e dos ensinos dados por Jesus.

[ ] Os cristãos dão muita importância à história da crucificação, ressurreição e ascensão de Jesus. Jesus sofreu, morreu e foi sepultado, ressuscitando para salvar aqueles que acreditavam nele e ascendendo aos céus para governar o mundo ao lado de Deus pai.

[ ] As lideranças cristãs da cidade de Constantinopla fortaleciam suas influências no império ocidental e outros centros de estudos doutrinários foram organizados: Alexandria, situada no Egito, de tradição platônica; Antioquia, atual Turquia, que auxiliou no desenvolvimento da doutrina da Trindade; região norte da África, localidade de importantes escritores, como Tertuliano e Santo Agostinho.

Agora, assinale a alternativa que contém a sequência correta:

A] V, V, F, V, V.
B] V, V, F, V, F.
C] V, F, F, V, V.
D] V, F, V, V, F.
E] V, V, V, V, F.

Atividades de aprendizagem

Questões para reflexão

1. Analise a seguinte afirmação e responda por que o período indicado é essencial à religião do cristianismo: "O período patrístico representa um dos mais empolgantes e criativos da história do pensamento cristão [...] Todos os principais ramos da igreja cristã – incluindo as igrejas anglicanas, ortodoxa oriental, luterana, reformada e católica romana – consideram o período patrístico como um marco decisivo na evolução da doutrina cristã" (McGrath, 2005, p. 42).

2. Acerca da maneira como as civilizações antigas vieram a influenciar o cristianismo e o Ocidente, qual seria a razão que tornou as religiões elementos culturais essenciais na organização política das nações ocidentais?

3. Com base na afirmação a seguir, destaque as influências culturais no ambiente de formação do cristianismo e no modo como a religião se expandiu em suas primeiras décadas:

   > Palestina, a região onde o cristianismo deu os primeiros passos, foi sempre uma terra sofrida. Em tempos antigos, isso se deveu principalmente à sua posição geográfica, que a colocava na encruzilhada das grandes rotas comerciais que uniam o Egito à Mesopotâmia, e a Arábia à Ásia Menor. [...] No século IV a.C., um novo contendente entrou na arena: Alexandre e suas hostes macedônicas [...] Ainda que o caráter preciso do helenismo tenha variado de região a região, em termos gerais foi a bacia oriental do Mediterrâneo que lhe deu uma unidade que serviu primeiro à expansão do Império Romano e depois à pregação do evangelho. (González, 2011, p. 18)

Atividade aplicada: prática

1. Faça a leitura do Credo Apostólico:

> Creio em Deus, o Pai todo-poderoso, criador dos céus e da terra.
> Creio em Jesus Cristo, seu único Filho, nosso Senhor,
> Ele foi concebido por obra do Espírito Santo e nasceu da virgem Maria.
> [...] foi crucificado, morto e sepultado. [...] Ressuscitou no terceiro dia,
> Subiu aos céus e está sentado à mão direita do Pai. [...]
> Creio no Espírito Santo, [...] na ressurreição do corpo e na vida eterna. Amém. (McGrath, 2013, p. 7)

Comente o grau de influência da religião cristã e de suas doutrinas na civilização ocidental por meio do conhecimento e do uso do Credo Apostólico no cotidiano da sociedade.

O CRISTIANISMO E A IDADE MÉDIA

Neste capítulo, veremos como a Idade Média carregou, em seus quase mil anos de história, as complexidades dos últimos séculos do primeiro milênio, com destaque para o absolutismo cristão e a desorganização política da Europa. O segundo milênio foi marcado logo em seu início pelo grande cisma da igreja cristã do Oriente, em 1054. Veremos como, no decorrer dos séculos, o movimento cristão do escolasticismo buscou em Aristóteles os conceitos para uma explanação sistematizada da fé cristã. Para Gaarder, Hellern e Notaker (2005, p. 147):

> O cristianismo é a filosofia de vida que mais fortemente caracteriza a sociedade ocidental. Há 2 mil anos permeia a história, a literatura, a filosofia, a arte e a arquitetura da Europa. Assim, conhecer o cristianismo é pré-requisito para compreender a sociedade e a cultura em que vivemos.

O conhecimento e a progressão histórica de fenômenos (culturais e religiosos) que possam fundamentar o entendimento da significativa declaração dada na citação anterior requer que voltemos a nossa atenção para quase mil anos de história da civilização ocidental na era medieval e suas conexões com o cristianismo. É exatamente nesse ponto que vamos perceber a profunda integração surgida entre a cultura do Ocidente e o cristianismo.

3.1 Fundamentos culturais e teológicos: patrística, escolástica e pensamento teológico de Santo Agostinho

A cultura ocidental que continua definindo a cosmovisão da Europa e das Américas neste século XXI tem suas bases na civilização greco-romana, que legou aos povos ocidentais uma visão de mundo que procura organizar a sociedade e trazer progresso à humanidade por meio de um conhecimento e uma explicação racionais da realidade que nos cerca, além dos valores e dos costumes oriundos da religiosidade judaico-cristã, a qual também se tornou o pressuposto ético fundamental dos povos do Ocidente.

Essa cosmovisão racionalista e religiosa foi estruturada como uma espécie de filosofia medieval durante os primeiros 1.500 anos do cristianismo, segundo raciocínios que adotavam métodos de pensamentos clássicos da Grécia, oriundos de Platão e Aristóteles, no objetivo de organizar e explicar os princípios e os dogmas essenciais da fé cristã. Os movimentos que desenvolveram esse processo foram a **patrística** e a **escolástica**.

Ainda que o período inicial (primeiro milênio) da Idade Média seja denominado *Idade das Trevas*, devido ao total controle que a Igreja cristã exerce sobre a busca do conhecimento e a vivência cultural da humanidade, nos períodos patrístico (100-451 d.C.) e escolástico (1300-1500 d.C.) ocorreram alguns dos movimentos religiosos e intelectuais mais importantes da história. Foram épocas em que se buscou relacionar de forma harmônica a perspectiva racional da filosofia grega e os ensinamentos religiosos cristãos, no propósito de que as doutrinas do Evangelho de Cristo fossem percebidas como coerentes e inteligíveis para a razão. Nesse contexto, o pensamento filosófico cristão somente se cristalizou como uma realidade conceitual na Idade Média, porquanto tenha sido gestado anteriormente com base na razão oriunda da cultura grega e sob a segurança do poderio político do Império Romano (Nauroski, 2017, p. 32).

O poder imperial tornou-se um braço governamental eclesiástico do cristianismo assim que o Imperador Galério (311) fez cessar a perseguição aos cristãos e o Imperador Constantino promulgou o Edito de Milão (313), o que propiciou a liberdade de culto público à fé cristã. Esse fato promoveu uma reconciliação entre Igreja e Estado, uma situação que os entes políticos apoiavam, assim como a prática de debates teológicos, pois as autoridades desejavam solucionar diversas controvérsias doutrinais. O objetivo era de que houvesse uma Igreja una e indivisa em todas as regiões, o que fez a teologia cristã atingir seu apogeu com a fundamentação da sua fé religiosa nos credos ecumênicos (McGrath, 2013, p. 43).

Um importante personagem desse contexto foi **Santo Agostinho**, ou Aurélio Agostinho, que nasceu no norte da África em 354 d.C. Foi criado pela mãe no conhecimento da fé cristã, mas acabou abandonando essa religião na juventude, vindo a retornar após ouvir as mensagens do bispo Ambrósio de Milão, para ser batizado em 387, até tornar-se bispo da Igreja em Hipona no ano de 396. Agostinho "pregou e escreveu prolificamente sobre controvérsias teológicas até sua morte [...] é considerado um dos maiores pensadores cristãos, e seus ensinamentos continuam a influenciar o pensamento cristão em todo o mundo ocidental" (Fortino, 2014, p. 221).

Algumas das mais importantes controvérsias teológicas assumidas por Agostinho – que era tanto um entusiasta como também um crítico do pensamento de Platão – foram opostas diante dos maniqueus, quando defendeu a importância da autoridade da instituição, posto que não teria crido no evangelho sem que isso lhe fosse determinado pela Igreja, e dos donatistas, quando defendeu a existência de uma autoridade universal da Igreja, em detrimento do que se afirmava ser apenas um poder local. O debate mais famoso de que participou ocorreu a partir do ano 412, com o monge britânico Pelágio, acerca do tema da graça de Deus, em uma meditação sobre qual seria a amplitude do livre-arbítrio do homem na percepção e no desenvolvimento de sua salvação religiosa. A posição assumida por Agostinho afirmava que a humanidade era incapaz de voltar-se para Deus se não fosse pela graça de Cristo (Chadwick; Evans, 2007, p. 30).

Ao tratar da soberania de Deus e da responsabilidade humana, Agostinho defendia fortemente o ensino cristão da importância e da realidade das duas proposições. O pensamento agostiniano entende que o ser humano é incapaz de buscar a verdade de Deus, pois o episódio da queda colocou a humanidade em uma situação existencial débil e que inclina a vontade da espécie para o mal. Portanto, somente quando Deus visita o ser humano com a graça de Cristo é que a humanidade se torna capaz de exercer uma vontade livre, ainda conduzida por Deus nos passos que deverá caminhar para sua salvação:

> A graça, de acordo com Agostinho, é um favor generoso e totalmente imerecido que Deus concede à humanidade, por meio do qual esse processo de restauração pode ser iniciado. [...]
>
> A natureza humana foi, com certeza, originalmente criada sem culpa e sem pecado (*vitium*); mas essa natureza, que cada um de nós agora herda de Adão, precisa de um médico, pois está enferma [...] a deficiência que ofusca e incapacita todas essas excelentes habilidades naturais, motivo pelo qual essa natureza precisa ser iluminada e restaurada, não tem origem no criador irrepreensível, mas no pecado original, cometido por intermédio do livre-arbítrio (*liberum arbitrium*). Por essa razão, nossa natureza culpada está sujeita a uma punição justa. [...] Mas Deus, que é rico em

misericórdia [...] ressuscitou-nos para a vida em Cristo, por meio de cuja graça somos salvos. Mas essa graça de Cristo, sem a qual nem as crianças nem os adultos podem ser salvos, não é concedida como recompensa por méritos próprios, mas é gratuitamente (grátis) concedida e, por esse motivo, é chamada graça (*gratia*). (McGrath, 2005, p. 510)

A nova realidade política e social que abrangia positivamente o cristianismo pelos movimentos do Império Romano desde o século IV até a metade do século V (451) transformou a Igreja Católica em uma força institucional que ampliou consideravelmente seus limites espirituais e territoriais, enquanto Constantino estabelecia a cidade de Bizâncio (futura Constantinopla, atual Istambul) como a sede do império em 330.

A organização doutrinária, a explicação dos dogmas cristãos desenvolvidos com base na racionalidade dos gregos e a consolidação na sociedade dos costumes e dos valores religiosos cristãos por causa da autoridade dada pelo Império Romano à Igreja se tornaram ferramentas sociopolíticas pelas quais o cristianismo assumiu a dianteira dos rumos da sociedade ocidental até se tornar a sua fundamental cultura religiosa, o que possibilitou que fosse organizada uma coesão social entre os povos da Europa pelos mil anos seguintes à queda de Roma.

Nesse contexto, a Idade Média na Europa Ocidental foi regrada socialmente pelas graves mensagens religiosas cristãs que pregavam a soberania e os juízos de Deus sobre os homens. A unidade política cada vez maior entre os reis e os papas organizava um Estado bastante vinculado ao poder religioso, com uma nova organização social do feudalismo, que surgiu para suprir o vácuo de um poder central que não mais existia e que acabou se sustentando cultural e politicamente devido à influência da Igreja sobre todas as classes de cidadãos. Os reis eram coroados pelo papa e as disputas entre os povos eram decididas pela Igreja, o que fez surgir a seguinte declaração: *Roma locuta, causa finita est*, que significa *Roma falou, a questão está encerrada*, uma expressão símbolo da Idade Média (Nauroski, 2017, p. 34).

Esses foram alguns dos aspectos que transformaram a igreja cristã na maior força política do primeiro período da Idade Média na Europa. O fato de sua liderança atuar com base em fundamentos religiosos também oportunizou o surgimento da denominada *Idade das Trevas* na história da humanidade, um período em que o conhecimento e a cultura dos homens do ocidente europeu ficaram subordinados à exposição e à defesa da fé cristã. Os pensamentos e os hábitos daqueles que discordavam dos pensamentos religiosos foram intitulados *heresias*, o que gerou, no decorrer dos séculos, o surgimento dos tribunais da inquisição, criados e definidos pelos concílios de Latrão (1215) e Toulouse (1229) como atos judiciais pelos quais os bispos confiscavam bens e executavam sentenças até capitais contra os considerados hereges. Os manuais tanto fortaleciam a perseguição como também buscavam limitar os excessos, ao procurar diferenciar os realmente hereges daqueles que assim não deveriam ser considerados.

3.2 O desenvolvimento político, social e religioso do Ocidente desde a queda de Roma

Os primeiros 1.500 anos da história eclesiástica doutrinal do cristianismo podem ser divididos didaticamente em dois períodos: Período Patrístico, de 100 d.C. a 476 d.C., com a queda de Roma; e Idade Média, de 476 d.C. a 1453 d.C., ano da queda de Constantinopla.

O período patrístico concentrou-se em torno do mundo mediterrâneo e de centros de poder como Roma e Constantinopla. A queda de Roma, ocasionada pela ação de tropas invasoras vindas do norte, lançou o mundo mediterrâneo ocidental em um completo caos. A instabilidade estendeu-se por toda a região. Os historiadores ainda se referem ao período que vai da queda de Roma até cerca do ano 1000 como a "Idade das Trevas", em uma indicação de que a cultura e o ensino eram relativamente difíceis de obter ao longo desses séculos de instabilidade e insegurança. (McGrath, 2005, p. 65)

Essa divisão histórica não é aleatória, pois o Período Patrístico se desenvolveu ao redor dos poderes político e religioso das cidades de Roma e Constantinopla até o século V. A queda de Roma, ocasionada pelas invasões bárbaras[1], mergulhou a Europa Ocidental em um período histórico de grande confusão e instabilidade, que veio a ser intitulado *Idade das Trevas* e perdurou até o século XI, quando ocorreu um novo florescer cultural na região. A queda de Roma fez surgir dois novos centros de poder teológicos cristãos no decorrer dos séculos seguintes: o Império Bizantino, que tinha sua sede na cidade de Constantinopla, desenvolvendo uma teologia bizantina em língua grega baseada nas ideias patrísticas; e a região da Europa Ocidental, especialmente França, Alemanha, Países Baixos e a própria Itália na cidade de Roma e por meio do papado eclesiástico, que desenvolveu o que veio a ser denominado *teologia medieval* (McGrath, 2005, p. 65-67).

Um aspecto fundamental que devemos notar é que a queda de Roma não causou o fim do cristianismo nem o término do império, pois na região mediterrânea oriental seus poderes político e religioso duraram mais de mil anos sob o título de *Império*

---

1   Os bárbaros eram os povos habitantes da Germânia, como os vândalos e francos, os godos e visigodos, entre outros, assim chamados por não viverem no Império Romano e não falarem a língua latina.

Bizantino. Ao mesmo tempo, iniciava-se um interminável conflito histórico entre as religiões islâmica e cristã em diversas regiões; os muçulmanos chegaram até a Espanha e a Ásia Central nos séculos seguintes, até que houve a derrocada do poder bizantino com a queda de Constantinopla, em 1453 (Werner, 2017, p. 74).

No lado ocidental do império, a queda de Roma, que já padecia dos ataques dos povos germânicos a suas fronteiras desde o fim do século III, redundou em uma situação de caos social que somente veio a retroceder quando a igreja cristã conseguiu atuar religiosamente até realizar a conversão dos líderes bárbaros (Nauroski, 2017, p. 28). Essa tarefa não foi tão difícil quanto a época inicial da Idade Média fazia parecer, pois os diversos reis bárbaros e seus súditos já conviviam nas regiões do Império Romano um século antes, vindo inclusive a guerrear ao lado dos romanos diante de outros povos bárbaros, já que, mais do que destruir a cultura romana, desejavam mesmo era desfrutar dos progressos de sua civilização (González, 2011, p. 229).

A queda de Roma trouxe um grande temor aos cristãos, já que estes visualizavam os acontecimentos sob uma perspectiva de que o fim do mundo havia chegado e de que a fé cristã iria sofrer gravemente, o que fez o bispo Gregório de Tours escrever uma crônica em defesa da fé ortodoxa no ano de 540, por causa dos confrontos causados por povos bárbaros, que seguiam a doutrina herege de Ário[2]. Outros grupos desejavam mesmo aniquilar o cristianismo na região. Ainda que a religião cristã tivesse sido oficializada no império com Constantino, seu ensino não havia sido ministrado de forma profunda nas regiões mais distantes de Roma, como até o Reno, o oeste e o norte da Gália, a Bretanha

---

2 A controvérsia ariana é uma das mais importantes da história da Igreja. Ário (250-336) entendia que Jesus Cristo não tinha uma natureza divina em grau de igualdade a Deus Pai e que deveria ser considerado uma criatura como todas as outras, ainda que superior. Os debates se prolongaram, vindo a ocasionar a definição da dupla natureza divino-humana de Cristo, e o arianismo foi declarado um movimento herege.

e a Irlanda. Nessas regiões, aconteceu um fenômeno corriqueiro: os pais respeitavam os bispos e contribuíam com a Igreja, mas seus filhos os desprezavam e tomavam para si os bens da instituição (Chadwick; Evans, 2007, p. 46).

No entanto, tinham-se situações favoráveis ao cristianismo, como quando o Rei Franco Clóvis repetiu no século V a experiência de Constantino, já que se converteu e foi batizado com seus soldados em 496 assim que conseguiu ganhar uma batalha quase perdida para os alemães, pois os bárbaros estavam sempre dispostos a aceitar o Deus cristão quando entendiam que seriam abençoados em batalhas justas. Os bárbaros se interessavam inclusive por doutrinas religiosas, como quando o Rei Chilperico desenvolveu um tratado sobre a Santa Trindade em 570. No entanto, o historiador Gregório ressalta as dificuldades que os novos tempos após a queda de Roma trouxeram ao cristianismo, pois a fé cristã dos primeiros séculos estava bastante relacionada à civilização romana, com suas bases religiosas erguidas na estrutura cultural e política do império. A partir do século V, foi necessário desenvolver uma nova compreensão da cosmovisão cristã, a fim de se adequar ao novo modelo de sociedade que a Idade Média estava gestando no mundo ocidental (Chadwick; Evans, 2007, p. 47).

Em meio a esse contexto de fragilidade econômica e social entremeado por guerras regionais constantes e ataques dos *vikings* do norte, a civilização europeia decaiu gravemente em sua qualidade de vida no início da Idade Média. Ocorreu uma grande diminuição da população, que só conseguia sobreviver com uma agricultura que sequer produzia o necessário para a subsistência. Trezentos anos mais tarde, o Rei Carlos Magno foi entronizado imperador do Sacro Império Romano-Germânico no ano 800, em uma tentativa de revisitar a poderosa Roma e realizar uma unidade política de governo central na Europa Ocidental, um sonho que acabou não se realizando. As comunidades europeias somente se mantiveram unidas como sociedades organizadas por meio dos laços do feudalismo (Werner, 2017, p. 75).

3.3 O monasticismo e as ordens mendicantes

O monasticismo foi um movimento de distanciamento da vida social (ascetismo) do cristianismo que surgiu no Egito para confrontar a imoralidade e a fraqueza espiritual da Igreja, vindo a se desenvolver na Europa durante a Idade Média. A primeira ordem religiosa monástica ocidental foi fundada por São Bento no século VI.

Os membros do clero (monges) que faziam parte das ordens monásticas seguiam regras estritas de convivência e trabalho religioso. Moravam em mosteiros afastados das grandes cidades, ao contrário dos sacerdotes e dos bispos seculares, que atuavam religiosamente com a sociedade e partilhavam do poder político eclesiástico. Essa situação criou uma certa rivalidade entre esses dois grupos, pois as propostas de renovação espiritual defendidas pelos monges acabavam denunciando as práticas do clero regular da Igreja.

Nesse contexto, o século XIII se destacou como o período de organização das denominadas *Ordens Mendicantes*, posto que os frades (irmãos) católicos eram reconhecidos como pedintes nas ruas das cidades e pelo uso de trajes religiosos peculiares; a última ordem a ser fundada foi a dos frades agostinianos[3]. Os franciscanos e os dominicanos impuseram a seus ordenados o voto de pobreza e o compromisso de anunciar publicamente as palavras divinas contrárias ao pecado da avareza. Buscavam levar ao mundo dos homens os valores religiosos que semeavam no interior de suas

---

3   Os frades agostinianos foram organizados pela Santa Sé em 1244, tornando-se parte das Ordens Mendicantes da Igreja ao lado de dominicanos, franciscanos e carmelitas.

ordens, sempre com o objetivo de promover melhorias na vida espiritual da Igreja de Cristo (Greco, 2008a, p. 10).

3.4 O desenvolvimento do feudalismo e a atuação religiosa do cristianismo na estruturação social do Ocidente medieval

A queda de Roma e o consequente enfraquecimento do poder centralizado do império na Europa Ocidental, aliados às conquistas territoriais árabes na região do Mediterrâneo, vieram a impedir a continuidade e a regularidade do comércio com o Oriente através do mar, ocasionando uma situação em que não circulavam mais produtos e moedas na Europa. Esse continente precisou buscar sustento por meio de seus próprios recursos, por isso foi obrigado a produzir tudo de que necessitava para a sobrevivência. Trata-se de uma realidade política e econômica da Idade Média que transformou a sociedade europeia, pois o domínio e a posse das terras se tornaram a fonte principal de riquezas da região, o que fez surgir o feudalismo, uma organização social, econômica, política e cultural baseada na posse da terra (González, 2011, p. 316).

A sociedade feudal era composta de classes sociais denominadas *estamentais* (estanques), já que era bastante difícil migrar de uma classe para outra. Os grupos sociais eram assim divididos: o rei e a nobreza estavam no topo da classe estamental, seguidos do clero (Igreja) e dos servos, que se integravam ao sistema pela atividade servil nas terras, baseada em compromissos de produção nas propriedades e no pagamento de taxas e tributos.

O rei dividia o poder político com os nobres segundo a posse de terras que estes detinham, uma realidade que se tornou o fator econômico principal para o acúmulo de riquezas na Idade Média.

Os nobres eram chamados de *senhores feudais*, pois exerciam um grande poder político na sociedade, aplicando leis e liderando guerras pelo controle das terras, para resguardar o domínio econômico em suas regiões. A igreja cristã, por meio do clero sacerdotal e administrativo, tornou-se uma instituição fundamental na estrutura do feudalismo, por ser uma grande proprietária de terras e organizar religiosamente a sociedade ao orientar os homens acerca de quais seriam as suas funções na comunidade segundo os princípios espirituais. Portanto, o feudalismo se estabelecia como uma sociedade organizada: o servo devia trabalhar, o nobre resguardava a justiça e as leis pelo poder militar e o clero atuava espiritualmente em prol de todos. Para a Igreja, cada membro social tinha um papel a cumprir durante sua existência terrena. Vejamos as palavras de uma pregação do arcebispo de York datada do século VI:

> Todo sólido trono real se mantém sobre três pilares: o primeiro são os oratores, o segundo os laboratores e o terceiro os belatores. Os oratores são os homens das preces, que dia e noite devem rezar a Deus e suplicar por todo o povo. Os laboratores são aqueles que trabalham para proporcionar o necessário para a vida do povo. Os belatores são os homens de guerra, que lutam com armas para defender sua terra. Todo trono real deve manter-se com justiça sobre estes três pilares. (Ermini, 2007c, p. 32)

Logo, o sistema feudal estabelecido na Europa Ocidental era baseado em uma hierarquia social oriunda da propriedade de terras, baseada na relação que se desenvolvia assim que o proprietário era "homenageado" pelos servos por meio de um compromisso ritual entre ambos – o vassalo prometia fidelidade ao senhor feudal, que lhe concedia, em retorno, a utilização de suas terras. As terras cedidas eram denominadas *feudos*, fato que originou o nome dessa ordem social estamental. O compromisso entre o senhor feudal e o servo deveria se encerrar com a morte de um deles, bem como após qualquer descumprimento ou ato desleal de uma das partes. No decorrer do tempo, surgiu um processo de garantia hereditária entre os descendentes dos senhores e dos servos de uma determinada porção de terras e, assim, a homenagem e a continuidade do compromisso passaram a ocorrer de modo natural entre os descendentes das famílias (González, 2011, p. 317).

A economia da sociedade feudal europeia se desenvolveu grandemente durante o reinado carolíngio[4] e os seguintes, com uma estrutura fortemente rural, com pequena utilização de áreas cultiváveis para a prática da agricultura. Nas matas e nos bosques, havia a colheita de frutos, além da caça, da criação de animais selvagens e da pesca. O pacto colonial entre o proprietário de terras e o servo orientava um compromisso em que o vassalo deveria entregar ao nobre uma parcela da colheita e as ofertas para festas comunitárias, além de assumir um compromisso de trabalho por determinadas horas na terra cedida. De maneira geral, as práticas econômicas do feudalismo previam uma duração de quase três décadas para a relação entre o nobre e o servo, e as terras deveriam ser devolvidas em boas condições aos proprietários no término do contrato (Ermini, 2007c, p. 32).

3.5 O primeiro cisma da igreja: Cisma do Oriente

Em meio ao desenvolvimento desse contexto social e econômico, a autoridade do papa católico enfraquecia gravemente nas regiões

---

4   Os merovíngios (filhos de Meroveu) eram uma dinastia franca que governou a região da Gália, atuais França, Bélgica, Alemanha e Suíça, em meados do século V até a metade do século VIII, em 751. Um golpe de Estado dado por Pepino, o Breve iniciou a dinastia dos carolíngios (de Carlos). Pepino foi o primeiro soberano a ser investido de autoridade imperial por um ato da Igreja estabelecido pelo papa Zacarias. Foi sucedido por seu filho, Carlos Magno, em uma dinastia que perdurou até o século X.

mais distantes da Europa ao final do século VIII, de maneira que os nobres, consolidados como líderes políticos de algumas dessas regiões, passaram a escolher os bispos de suas comarcas. Além dessa perda de poder secular, a Igreja era bastante criticada pela forma como administrava seus domínios espirituais, pois demonstrava estar mais preocupada com o acúmulo de riquezas nos monastérios e com o cuidado de suas terras, já que entregava os cargos religiosos aos que pagassem mais por sua titularidade, em uma prática que veio a ser denominada *simonia* (Werner, 2017, p. 97).

Em meio a essa situação de fragilidade do poder da Igreja, a autoridade do Papa Leão III era ameaçada por nobres romanos, ocasião em que o líder religioso buscou apoio do Imperador Franco para resguardar a ordem social na Itália. A aproximação entre as autoridades civil e religiosa redundou na coroação de Carlos Magno como imperador do Sacro Império Romano, em cerimônia ministrada pelo Papa na Basílica de São Pedro, em 25 de dezembro de 800. No entanto, as autoridades do Império Bizantino, localizado em Constantinopla, não reconheceram Carlos Magno em um primeiro momento, por isso ocorreu um distanciamento entre o Oriente e o Ocidente.

Nesse contexto de contendas políticas entre a igreja de Roma e a igreja bizantina, havia um tema religioso primordial que veio a se tornar um fato importante na posterior divisão (cisma) ocorrida na igreja cristã do Oriente: a questão dos iconoclastas, ou destruidores de imagens. O Imperador bizantino Constantino V organizou um concílio em 754 que proibia o uso de imagens nas celebrações, vindo a condenar patriarcas e teólogos orientais que as defendiam, o que criou dois partidos no cerne da igreja oriental: os iconoclastas e os iconódulos, estes um grupo que defendia a utilização das imagens – controvérsia que se manteve pelos anos seguintes. No entanto, embora a igreja ocidental de Roma não tenha acatado as decisões do concílio de 754, em 787 as lideranças orientais da

Imperatriz Irene e do Patriarca de Constantinopla Tarásio, junto com o Papa Adriano, instalaram o sétimo concílio ecumênico de Niceia. Essa assembleia eclesiástica decidiu restaurar a utilização das imagens na Igreja, com o cuidado de que tais artefatos não deveriam receber adoração, e as decisões de Niceia se tornaram aceitas na maior parte da cristandade no decorrer dos séculos seguintes (González, 2011, p. 291).

Importa ressaltarmos que o pensamento oficial da Igreja Católica Apostólica Romana acerca da relação dos fiéis com as imagens sagradas orienta a posição tradicional de que a adoração deve ser dada somente a Deus, em respeito ao primeiro e ao segundo mandamentos, com a veneração de símbolos e imagens devendo ocorrer na perspectiva de "conduzir" o fiel a Deus, no sentido de que a honra prestada a uma imagem remonta ao modelo original.

O Concílio de Niceia acabou se tornando a última reunião em que o colegiado histórico dos cinco patriarcados da igreja cristã – Antioquia, Jerusalém, Alexandria, Roma e Constantinopla – atuaram em unidade na busca do objetivo que os tinha transformado em uma pentarquia desde os primeiros anos do cristianismo: resguardar a unidade da fé e definir os conceitos principais das doutrinas da Igreja. Era um conceito de colegiado apostólico que agradava bastante os cristãos orientais, ao distribuir entre as diversas cidades "sede" do cristianismo a condição e a capacidade de atuarem unidas como líderes. No concílio seguinte, de 861, a decisão dos patriarcados do Oriente e de Constantinopla em apoiar as ideias do patriarca Fócio, em desprezo a Inácio, acerca da ilegitimidade da cláusula *filioque*[5] , uma posição que não foi acompanhada pelos enviados do Papa Nicolau I de Roma, acabou

---

5   O termo latino *filioque* significa "e do filho" e se refere à adição feita pela igreja ocidental aos termos do Credo Niceno, de 325, posto que a definição original do concílio sobre Espírito Santo esclarecia que essa pessoa da Trindade procederia do Pai somente, o que veio a ser mudado mais tarde.

transformando a situação em um caso no qual a natureza e os limites da autoridade do bispo de Roma sobre toda a igreja cristã voltaram a ser debatidos e questionados (Chadwick; Evans, 2007, p. 54).

Segundo McGrath (2013, p. 66), o relacionamento entre as igrejas do Oriente e do Ocidente tornou-se cada vez mais conturbado entre os séculos IX e X, até se consumar o primeiro grande cisma da igreja cristã, ocasionado pelos seguintes fatores:

- a questão relacionada à cláusula *filioque*;
- a crescente disputa política entre Roma e Constantinopla;
- o possível interesse do papa romano em se tornar uma autoridade superior diante das outras lideranças da Igreja.

O ano de 1054 se tornou conhecido como a data oficial de separação entre as igrejas do Ocidente e do Oriente, fato que encerrou um período histórico prolongado de distanciamento, oriundo de perspectivas distintas das visões teológicas e das relações da igreja com as autoridades civis.

3.6 As Cruzadas do cristianismo

Há uma cronologia histórica que pode nos ajudar a compreender os motivos políticos e religiosos que motivaram as Cruzadas, um movimento que trouxe graves consequências humanitárias para a Europa e o Oriente. No ano de 639, os muçulmanos se apoderaram da cidade de Jerusalém, até que em 1009 um califa mandou destruir a Igreja do Santo Sepulcro na região. Posteriormente, os turcos seljúcidas islâmicos venceram o Imperador bizantino Diógenes em batalha, tomando a decisão de impedir que os cristãos continuassem seguindo pelas rotas de peregrinação até Jerusalém. Essas situações constituem alguns dos exemplos de um conflito que se tornava cada vez maior entre cristãos e muçulmanos no Oriente.

Por esse motivo, o Imperador bizantino Alexio solicitou, em 1095, a ajuda de Roma para frear os avanços dos turcos na região. Nesse contexto, o Papa Urbano II fez uma convocação aos nobres e a todo o povo cristão para que fossem em defesa da fé cristã e da Terra Santa, por meio de um sermão pregado no Concílio de Clermont, na França. O resultado dessa expedição foi a conquista de Jerusalém pelos cristãos em 15 de julho de 1099, o que inaugurou um período de dois séculos de lutas entre o islã e o cristianismo, gerando conflitos constantes que deram origem à Ordem dos Templários, uma organização religiosa dedicada a empreender uma guerra justa com os muçulmanos.

Em 1144, a cidade de Jerusalém foi retomada pelo islã, o que ocasionou o lançamento de uma Segunda Cruzada em 1145. Mais tarde, em 1187, o Sultão egípcio Saladino conquistou Jerusalém novamente para os muçulmanos, e uma Terceira Cruzada foi organizada, liderada pelo Imperador Frederico Barba-Ruiva com o rei da Inglaterra, Ricardo Coração de Leão, além do rei da França, Filipe II Augusto. E assim se deram os conflitos até que os exércitos islâmicos dominassem completamente a Palestina e a Síria em 1291 (Werner, 2017, p. 106).

O movimento das Cruzadas surgiu em contraponto ao crescimento da influência e do domínio islâmicos a partir do século VIII. A reação cristã organizou diversas expedições à Palestina para frear esse crescimento, e a região central de combate foi a cidade de Jerusalém. O componente religioso e psicológico que moveu essas expedições em uma Cruzada de milhares de homens de toda a Europa em direção à Terra Santa tinha suas bases em uma mensagem cristã medieval que anunciava a gravidade do pecado da humanidade e a sua consequente condenação eterna, o que fazia os cristãos reagirem para se livrarem dessa maldição com a prática de penitências e, a mais comum das práticas era a participação nas peregrinações (viagens) aos lugares santos (Damião, 2003, p. 432).

Ao mesmo tempo, sabe-se que a condição de vida das pessoas durante o século XI se deteriorava gravemente na Europa, pois as fracas colheitas faziam regiões inteiras sofrer com a fome. Com a miséria, surgiam, ainda, graves epidemias, como a peste dos ardentes, que matava ou mutilava todos aqueles que acometia. Portanto, ao mesmo tempo em que a convocação do Papa Urbano oferecia indulgência (perdão) aos participantes das expedições, houve também os que viajaram não somente para libertar Jerusalém, mas para buscar novos lugares para morar e trabalhar. Foi nesse contexto que populações oriundas das mais diversas regiões se levantaram para participar da primeira Cruzada, que saiu da França, da Alemanha, da Itália, da Inglaterra e da Escandinávia, além de outras partes da Europa (González, 2011, p. 364).

Podemos observar que o movimento das Cruzadas tinha significados distintos e trazia consequências diversas para cada um dos envolvidos. A igreja de Roma tornou-se a líder espiritual e secular de um movimento que avançava pelo Ocidente e ultrapassava fronteiras até chegar ao Oriente, o que lhe permitiu atuar como autoridade superior sobre as instituições civis e cristãs dessas regiões. A igreja bizantina buscava organizar a reconquista das regiões orientais para os seus domínios novamente, mas logo se preocupou com o desenrolar dos acontecimentos, posto que alguns demonstravam interesse em assumir eles mesmos o controle das regiões capturadas dos muçulmanos. Enquanto isso, o povo mais pobre e comum da cristandade descobria um motivo nobre pelo qual viver e, ainda, a oportunidade de recomeçar suas histórias de vida, deixando para trás a pobreza e o controle político e religioso a que o império ocidental os submetia (Ermini, 2007c, p. 99).

Quanto aos resultados territoriais e políticos, as oito Cruzadas principais trouxeram consequências danosas à cristandade, pois, mesmo tendo conseguido recuperar a cidade de Jerusalém e as regiões da Terra Santa, essas conquistas não foram muito duradouras.

A Terceira Cruzada foi marcada pela morte do Imperador Frederico, pelo abandono do Rei Filipe e pelo retorno problemático de Ricardo Coração de Leão às suas terras – ao menos o rei da Inglaterra chegou a formalizar um acordo com Saladino que permitia aos cristãos visitarem a cidade santa se tivessem motivações pacíficas. A Sexta Cruzada foi a melhor para o cristianismo e toda a região, pois o Imperador Frederico II selou um acordo pelo qual o sultão lhe cedia as cidades de Jerusalém, Belém e Nazaré, além das rotas de ligação entre essas localidades. Em troca, o imperador deu sua palavra de que a vida e os bens dos islâmicos seriam protegidos, garantindo que não haveria novas Cruzadas na região (González, 2011, p. 377).

> O período das Cruzadas [...] foi resultado de uma mistura de piedade verdadeira e devoção autêntica com ambição de terras e o ressurgimento de velhas inimizades [...] Durante mais de cem anos, muitas pessoas esqueceram suas disputas internas e embarcaram numa aventura de perigos e dificuldades inimagináveis, confiando em que estavam trabalhando para Deus, com o fim de aproximar o reino dos Céus. (Chadwick; Evans, 2007, p. 60)

Embora motivadas por uma sincera religiosidade popular e pelo sonho da busca de uma vida melhor em terras distantes, as Cruzadas se tornaram banhos de sangue de inocentes e de religiosos contrários à fé cristã, além de se transformarem em oportunidades de saques e contendas dos povos que residiam entre a Europa e Jerusalém. Boa parte dos peregrinos cristãos que seguiram até a Terra Santa morreu pelo caminho ou se tornou escravo, principalmente os infantes das malfadadas Cruzadas das crianças.

As consequências mais diretas sobre a igreja cristã e seus líderes foram a perda crescente da credibilidade como instituição espiritual, ao mesmo tempo em que a cristandade se tornou um exército celestial armado em defesa da fé. No objetivo de proteger ou recapturar Jerusalém e a Terra Santa, cada vez que os muçulmanos retomavam suas posições era necessário manter uma organização militar constante em nome da religião, que foi no que se transformaram as Cruzadas no decorrer de seus dois séculos de duração (González, 2011, p. 372-384).

No contexto das Cruzadas, vale citar a realidade eclesiástica do movimento das peregrinações cristãs, que se originaram do reconhecimento de que a alma humana está de passagem por este mundo rumo ao reino dos céus e do entendimento de que existem locais e objetos na Terra que carregam um carisma distinto e pleno de santidade divina, motivo pelo qual as visitas aos lugares definidos como santos pela Igreja equivalem a partilhar uma experiência de proximidade com Deus. Algumas cidades e templos tornaram-se os principais centros de visitação de peregrinos durante a Idade Média, como Roma, Santiago de Compostela e Jerusalém, e empreender uma visita à cidade santa da Palestina era algo considerado como partilhar da própria cidade celestial de Deus (Chadwick; Evans, 2007, p. 76).

Essa perspectiva espiritual relacionada às peregrinações rumo à Jerusalém tornou-se um dos principais motivos para que as Cruzadas se transformassem em um movimento religioso que influenciou grandemente todas as camadas sociais da população. A história da Igreja na Idade Média está recheada de acontecimentos místicos e situações miraculosas, mas nada se compara ao que ocorreu no movimento das cruzadas, baseadas na crença religiosa da peregrinação dos cristãos (Ermini, 2007f, p. 99).

3.7 O movimento do escolasticismo

A escolástica, ou escolasticismo, foi a mais importante escola de pensamento da Idade Média. Surgiu no século XI e atingiu seu ápice intelectual nos séculos XII e XIII. Seus principais expoentes foram Abelardo e Tomás de Aquino. A característica principal era a ênfase com que buscava integrar as doutrinas da fé católica com a razão humana, por meio da utilização de métodos de pensamento oriundos dos filósofos gregos Platão e Aristóteles. O escolasticismo promovia reflexões cristãs embasadas em argumentos racionais para compreender a realidade da existência segundo uma perspectiva compreensível ao homem.

O desenvolvimento do tomismo, baseado nos ensinos de Tomás de Aquino, tornou-se um padrão orientador da reflexão católica pelos séculos seguintes, vindo a ser reconhecido como o conteúdo mais influente dessa escola. Considerado o maior teólogo da escolástica, Tomás de Aquino organizou um sistema de pensamento no propósito de apresentar e defender a religião do cristianismo por meio de regras autorizadas do conhecimento acadêmico. Uma de suas teorias mais importantes foi a da transubstanciação[6], que explicava a eucaristia, orientando como a real presença de Cristo poderia se dar nos elementos do pão e do vinho. O tomismo se tornou a doutrina oficial da Igreja Católica Romana quanto ao entendimento da santa ceia de Jesus (Fortino, 2014, p. 228).

O contexto social e político desse movimento surgiu em meio aos fracassos das Cruzadas do cristianismo, que acentuou um período de fragilidade dos poderes centrais da sociedade medieval, a instituição religiosa cristã e os senhores feudais. Isso fez com que o momento fosse propício para que o frade Tomás de Aquino buscasse aproximar o povo da Igreja novamente. Para Greco (2008a, p. 14), "a genialidade do filósofo [...] residia na conciliação entre posições divergentes do pensamento de sua época [...] tentando atingir dois objetivos: conseguir a concordância do maior número

---

6   A doutrina da transubstanciação significa a mudança da substância do pão e do vinho para a substância do corpo e do sangue de Jesus Cristo no ato da consagração dos elementos na missa.

possível de intelectuais com a Igreja e subordinar o poder dos reis à autoridade do papa".

Segundo McGrath (2005, p. 71), o nome *escolasticismo* tem origem nas escolas medievais que se dedicavam ao estudo da teologia e da filosofia. Foi uma escola de pensamento que buscou promover a justificação racional das crenças cristãs, ao mesmo tempo em que procurava apresentá-las por meio de uma exposição sistemática. Portanto, o escolasticismo não deve ser considerado um sistema de crenças, e sim um método argumentativo pelo qual se busca compreender e organizar os conhecimentos oriundos da teologia.

3.8 A economia feudal e o crescimento da influência social e religiosa da igreja cristã na segunda metade da Idade Média

Para recordarmos, a queda de Roma ao final do século V deu início à Idade Média e a seu primeiro período histórico, que durou aproximados 500 anos, no qual a antiga unidade central do império foi dividida entre diversos monarcas e nobres e o povo sobrevivia em uma economia agrícola de subsistência. A coroação do Rei Carlos Magno em 800 não foi capaz de unificar a Europa Ocidental nos moldes antigos do império; a sociedade se manteve organizada pelas relações sociais e econômicas do feudalismo até meados de 1300.

A Igreja Católica Romana foi uma instituição formidável no final da Idade Média. De seu palácio em Roma, o papa controlava não só a vida religiosa da Europa, mas também a economia e a política do continente. A Igreja era uma grande proprietária de terras e, pelo sistema feudal, muitos camponeses deviam a casa, a sobrevivência e o cuidado de sua alma à Igreja. Por outro lado, era importante para os nobres e governantes manter boas relações com a Igreja, obedecendo a suas leis, dando o dízimo e pagando taxas. (Fortino, 2014, p. 232)

Desde a chegada do século X já havia novidades comerciais e algumas transformações sociais que ocorriam por meio de um reavivamento econômico que também gerou uma certa urbanização da sociedade no início do novo milênio. Durante as Cruzadas e logo após seu término ocorreu uma grande interação cultural da Europa com o Oriente Médio e a Ásia. A chegada do século XIII gerou a oportunidade para que os Estados europeus viessem a ocupar a liderança política de suas regiões, o que trouxe maior estabilidade às populações e aos territórios nos séculos seguintes, situação que os fortaleceu e capacitou para a época das grandes navegações, o início da descoberta e da colonização dos novos continentes ao final da Idade Média (Werner, 2017, p. 74).

Nesse contexto, as relações feudais se desenvolviam por um compromisso entre os senhores feudais (donos de terras) e os servos rurais (vassalos), assim que estes assumiam a função de trabalhar nas propriedades. Era uma relação social e econômica entre senhores e vassalos que os associava durante décadas, e as contendas entre os diversos nobres de cada região fizeram surgir situações em que os servos deviam obediência a vários senhores ao mesmo tempo, o que os fazia deixar de atender a um deles em favor de outros. O resultado foi que a Europa se tornou um continente bastante fragmentado em sua organização civil, e os monarcas governavam seus territórios com uma autoridade cada vez mais fragilizada diante da população (González, 2011, p. 318).

Desde que a posse e o cultivo das terras se tornaram a base das relações sociais e econômicas do feudalismo, o cuidado com o solo e a organização das plantações nas propriedades vieram a ser bastante desenvolvidos, com um planejamento de cultivo de rotação trienal, que consistia em fazer a terra descansar um ano a cada três plantações. As colheitas mais comuns eram de trigo, centeio, cevada e milho, e houve um incremento na utilização dos moinhos de água para o tratamento dos cereais, além da utilização de técnicas de preparo de novas propriedades para o cultivo com a queima da terra de novas áreas (Ermini, 2007d, p. 32).

A dinâmica social dessa época ocorria principalmente nas localidades que surgiam ao redor dos moinhos dos proprietários rurais e próximas aos castelos dos nobres, com base nas relações feudais, e a Igreja participava ativamente dessa ordem com uma presença localizada ou pela visita de sacerdotes que vinham administrar os sacramentos, regulando a vida religiosa dos cidadãos. Eis o modo como se integravam comunitariamente os três grupos sociais do feudalismo durante a Idade Média na Europa: as classes superiores atuavam conjuntamente com um poder civil e religioso que governava localmente as regiões, sob a supervisão do bispo de Roma e do imperador do Ocidente, ainda que ocorressem contínuas disputas de poder entre essas autoridades.

Além da ordem social feudal que se tornara bastante comum nas áreas rurais e nas regiões mais distantes, as cidades também vieram a se desenvolver como centros urbanos organizados ao final do século X, denominadas na Itália de *municípios medievais*. Sua organização política e social era composta por bispos-condes no topo hierárquico, a quem logo vieram se juntar algumas associações de cidadãos que tomavam para si o controle das instituições públicas e o regramento das leis, das quais faziam parte aristocratas, comerciantes, juízes, funcionários públicos, mercadores e artesãos, que acabaram constituindo um compromisso civil para a administração das cidades, abençoados pelos sacerdotes da localidade. Igualmente, as cidades marítimas conseguiam desenvolver e fortalecer o seu poderio civil, comercial e militar devido ao progresso que alcançavam pelo constante comércio que realizavam no Mediterrâneo com o mundo islâmico e com o oriente bizantino (Ermini, 2007d, p. 17).

São exemplos da vida cotidiana medieval que nos permitem visualizar a maneira como as relações do feudalismo se mantiveram entre os séculos X e XIII na Europa Ocidental. Essa realidade socioeconômica mudou consideravelmente com a ocorrência de fatos históricos que se tornaram marcantes no período final da Idade Média, como o Renascimento, o humanismo, as contendas religiosas que aconteceram previamente à reforma protestante, além da peste negra.

A grande mortandade provocada pela peste negra iniciou assim que um navio aportou na cidade de Gênova, em 1347, trazendo a peste bubônica, que causou, até meados de 1350, a morte de pelo menos um terço dos povos do Oriente Médio e da Europa. Foi uma epidemia de proporções tão graves que acabou transformando de maneira drástica a existência social e religiosa das civilizações que acometeu. A peste negra, assim chamada porque deixava manchas escuras na pele dos doentes, é considerada uma das mais graves enfermidades da história da humanidade – estima-se que matou mais de cem milhões de pessoas no século XIV. Essa doença se tornou um componente diferencial da vida econômica, social, religiosa e cultural da era medieval, pois matava cidadãos de todas as classes em meio a uma atmosfera de juízo divino que não poupava nem o clero da Igreja. Uma de suas consequências mais graves foi o desarranjo das relações sociais feudais da sociedade ocidental, o que, de algum modo, acabou influenciando a civilização europeia para vivenciar as novas proposições existenciais que o Renascimento e a reforma protestante iriam promover no mundo a partir dos séculos XV e XVI (Werner, 2017, p. 119).

3.9 O declínio do feudalismo e a ascensão da burguesia

O início e o desenvolvimento da Idade Moderna, a partir do século XV, foi tanto um período de grande ascensão da Europa Ocidental sobre o resto do mundo como também uma época caracterizada por dificuldades sociais e grandes transformações culturais. Houve o fim do feudalismo e a ascensão da burguesia, a fragilização da nobreza e o fortalecimento dos reis. Nessa época, eclodiu a reforma protestante da igreja ocidental e os confrontos religiosos que a ela se seguiram no continente pelo período de mais de um século. Por outro lado, o Renascimento avivou as artes e as ciências, renovando a cultura europeia, e o conhecimento e a literatura foram propagados pela utilização do papel e da imprensa na feitura de livros e na popularização da informação. Ao mesmo tempo, exploradores europeus descobriam novas terras e adquiriam riquezas ao se lançarem aos mares em busca de novas rotas comerciais (Werner, 2017, p. 136).

Nesse contexto de grandes transformações na sociedade europeia, vamos observar alguns dos fatos econômicos que vieram a fortalecer o mercantilismo e enfraquecer os laços sociais estabelecidos pelo antigo sistema feudal.

As chamadas *repúblicas marítimas da Itália*, como as cidades de Gênova, Amalfi, Pisa e Veneza, que já cediam suas embarcações para as viagens das Cruzadas entre o Ocidente e o Oriente desde o século XII, desenvolveram a condição de fundar diversas colônias costeiras em localidades orientais. Essas colônias se estruturavam socialmente. Em uma rua, eram construídos um edifício de atividades públicas e uma igreja. Havia, ainda, armazéns e a oferta de serviços de moinho e de banhos públicos. A função dessas colônias era bastante comercial, com a negociação de diversos itens, como sedas, perfumes, pedras preciosas e produtos têxteis. Ao mesmo tempo, nessas localidades se desenvolvia um proveitoso e contínuo comércio com as cidades orientais de Alepo e Damasco e as cidades africanas de Alexandria e do Cairo. Foi uma situação histórica que gerou um crescimento comercial constante para algumas cidades, o que ocasionou o surgimento de associações que uniam mercadores e marinheiros, além do incremento de investimentos bancários que redundaram no desenvolvimento de novas empresas. Esses fatos históricos e comerciais foram importantes para a organização das novas classes sociais urbanas, formadas por uma burguesia próspera, contexto econômico que também oportunizou o surgimento de algumas das grandes fortunas familiares que se tornaram tão características na Europa a partir do início da Idade Moderna (Ermini, 2007f, p. 34).

Algumas dessas mudanças já tomavam forma desde os séculos XIII e XIV, assim que a economia europeia avançou no desenvolvimento de atividades manufatureiras e na organização de um sistema bancário, que estavam nas mãos dos novos negociantes residentes nas cidades, os quais progrediam nas regiões urbanas enquanto as áreas rurais empobreciam no decorrer das décadas. Nesse contexto, o sistema feudal baseado na posse das terras pelos nobres e proprietários, que sustentavam seu poder e riqueza com a prática de guerras por territórios e a cobrança de impostos em suas regiões, acabava atrapalhando o desenvolvimento da nova economia que se estabelecia com vigor nas cidades. A nova e próspera burguesia, por ser uma classe social distinta dos moradores do campo, aguardava que um poder mais centralizado nas mãos de reis pudesse trazer mais segurança, oferecendo maior proteção às atividades de comércio e até valorizando a moeda, o que faria a nova economia, baseada no comércio e nas atividades de artesãos, prosperar de maneira considerável. Enfim, essa situação social e econômica, marcada pelo apoio da burguesia aos reis e à monarquia em contraposição aos nobres e aos proprietários de terras, ocasionou o declínio do sistema feudal na Europa Ocidental (González, 2001, p. 454).

No mesmo período em que as cidades (burgos) cresciam e as novas classes sociais urbanas (burguesia) prosperavam, outros aspectos contribuíram para o enfraquecimento do feudalismo e o fortalecimento das atividades mercantis, além da renovação do poder político dos monarcas: em Londres, e por várias cidades da Inglaterra, foram fundadas diversas casas da moeda para facilitar a circulação de dinheiro; na França, houve investimentos para que os transportes entre as cidades se tornassem mais seguros, além do apoio para a realização de feiras regionais, nas quais se negociavam os mais diversos produtos, como vinho, sal, couro e cabeças de gado, entre outros. Os reis e os soberanos se fortaleciam na Europa, e sua autoridade se estendia sobre um número cada vez maior de territórios no continente, o que lhes propiciava a condição de cobrarem taxas dos viajantes, em um processo no qual podiam adquirir dinheiro em espécie, que se tornara a principal fonte de riquezas da época em detrimento da posse de terras (Ermini, 2007f, p. 37).

Para concluirmos, tais fatos políticos, sociais, econômicos e religiosos foram significativos para o cristianismo, pois vieram a mover e a transformar os rumos da civilização ocidental na segunda metade da Idade Média até a entrada na Idade Moderna, conforme veremos no próximo capítulo. O desenvolvimento do cristianismo do século XV ao século XX influenciou a sociedade ocidental, na qual essa religião veio a se tornar um dos mais importantes elementos culturais da história. Somente pela exposição dos fenômenos culturais e religiosos é que seremos capazes de realizar uma profícua observação das conexões entre a cultura e a religiosidade em meio à história das civilizações.

Síntese

Neste terceiro capítulo, vimos que a igreja cristã se tornou bastante influente na Idade Média pela pregação de mensagens que anunciavam a soberania e o juízo divinos à população; já o poder político era partilhado entre lideranças do clero e da nobreza. A queda de Roma, ocasionada pelas invasões bárbaras ao final do século V, não resultou no fim do poderio e da atuação da igreja cristã na Europa, pois esta permaneceu atuante e próxima dos Estados e governantes da região. No Oriente, o império cristão bizantino seguiu organizado e influente até a queda de Constantinopla, em 1453.

No entanto, como pudemos verificar, a Europa veio a sofrer continuamente na segunda parte do primeiro milênio com as constantes agressões dos povos do norte e pela falta de um poder central que pudesse garantir a segurança do continente. Essa fragilidade não foi solucionada com a chegada do Rei Carlos Magno ao trono do Sacro Império Romano-Germânico, no ano 800, período em que os laços comunitários e sociais se sustentavam pelo feudalismo.

Tratamos, ainda, da primeira grande divisão da igreja cristã, que posicionou em lados opostos a Igreja Católica Romana e a Igreja Ortodoxa Oriental. Essa situação acabou tomando forma nos séculos anteriores ao cisma, quando questões teológicas entremeadas por confrontos políticos já geravam discussões e divisões entre os líderes do Ocidente e do Oriente, até que em 1054 ocorreu a divisão da igreja cristã do Oriente. As Cruzadas aconteceram entre os séculos XI e XIII como decorrência de um confronto histórico entre o cristianismo e o islamismo, tornando-se um movimento cristão de recuperação de cidades e localidades das terras santas, especialmente a cidade de Jerusalém. O movimento intelectual e religioso do escolasticismo, que teve em São Tomás de Aquino seu maior expoente, integrava os conceitos de Aristóteles na explicação da fé e do pensamento cristão.

No tocante à economia e à sociedade, vimos que a Europa passava por algumas mudanças desde o século XI, com um reaquecimento comercial junto de um fortalecimento dos centros urbanos. Essa nova realidade social foi incrementada a partir do século XIII, com o surgimento de novas lideranças civis que trouxeram estabilidade para a região, além de incentivarem as navegações na busca de novas rotas comerciais.

Foi um período de transição entre a antiga sociedade feudal e a consolidação de uma organização social baseada no livre comércio e no fortalecimento político de outras classes sociais que não somente a nobreza e o clero. O fim do feudalismo e a sedimentação das novas atividades de comércio e da classe social da burguesia foram aspectos importantes da supremacia política e cultural da Europa Ocidental, ao mesmo tempo em que se iniciavam algumas das maiores transformações da história.

INDICAÇÕES CULTURAIS

BARK, W. C. **Origens da Idade Média**. 4. ed. Rio de Janeiro: Zahar, 1979.

O autor apresenta reflexões que ponderam as afirmações de que a era medieval deve ser considerada a Idade das Trevas. Desenvolve análises e argumentações referentes à queda do Império Romano. A Idade Média é analisada de forma detalhista e extensa, com explicações sobre os fatores e os elementos que transformaram a igreja cristã em uma grande força política e religiosa durante esse período. Uma obra indicada para todos os que desejam saber mais sobre a religiosidade e os pensamentos filosóficos formulados nessa época da história e sua relação com o cristianismo.

O NOME da rosa. Direção: Jean-Jacques Annaud. Alemanha, 1986. 130 min.

Esse filme, baseado no famoso livro de Umberto Eco, dedica-se a mostrar de forma detalhista o cotidiano de um mosteiro beneditino no ano de 1327. Apresenta o personagem de um frei da ordem franciscana (William) que assume a postura de um detetive para descobrir os motivos e o responsável pelos estranhos assassinatos que estão ocorrendo no mosteiro. A investigação racional e coerente com que o Frei William tenta orientar as investigações faz um interessante contraponto aos pensamentos e às atitudes supersticiosas e irracionais dos juízes da inquisição, que chegam ao castelo no propósito de solucionar o mistério. O filme revela um pouco do contexto social e religioso da Idade Média, em meio a um debate sobre a pobreza de Cristo e a Igreja, que se torna o motivo da reunião dos religiosos no mosteiro.

SANTO Agostinho: o declínio do Império Romano. Direção: Christian Duguay. Itália, 2009. 200 min.

Estamos em 430 d.C. e o já idoso Bispo Agostinho de Hipona recorda a história de sua vida, marcada por exageros e pecados até que uma grande insatisfação espiritual o levou a converter-se ao cristianismo. Agostinho foi um dos maiores teólogos da Igreja, além de ser um grande escritor, e sua maior obra, *Cidade de Deus*, é citada no filme. O filme se tornou uma minissérie para a TV em 2009, oferecendo a oportunidade aos espectadores de ter conhecimento do pensamento e da reflexão de Agostinho sobre os temas universais da vida e do sofrimento humanos à luz da Verdade cristã assim que esta encontra o homem no evangelho.

ATIVIDADES DE AUTOAVALIAÇÃO

1. Em relação aos fundamentos culturais e religiosos dos primeiros séculos do cristianismo, marque a alternativa correta:
    a) A cosmovisão da Europa e das Américas no presente século tem bases na civilização mesopotâmica, que legou aos povos ocidentais uma visão que busca organizar a sociedade por meio de um conhecimento e uma explicação racionais da realidade, além dos valores e dos costumes oriundos da religiosidade greco-romana.

B] O período inicial da Idade Média foi denominado *Idade das Trevas* devido ao controle que a igreja cristã exercia sobre o conhecimento e a vivência cultural, especialmente com os fundamentos dos períodos patrístico (100-451) e escolástico (1300-1500).

C] Os atos imperiais de Galério, em 311, e de Constantino, em 313, cessando a perseguição aos cristãos e reconciliando Estado e Igreja, ocasionaram o apoio da liderança política para que houvesse debates teológicos na religião do cristianismo, já que as autoridades desejavam solucionar as controvérsias doutrinais, fato que fez a teologia cristã atingir seu apogeu ao definir os credos fundamentais da fé religiosa.

D] A nova realidade social que abrangia o cristianismo com os movimentos do Império Romano desde o século IV até a metade do século V transformou a Igreja Protestante em uma força institucional que ampliou consideravelmente seus limites espirituais e territoriais, enquanto Constantino estabelecia Bizâncio como sede do império.

E] A Europa Ocidental foi regrada pelas mensagens religiosas que pregavam a soberania e os juízos de Deus durante a Idade Média, e a unidade política cada vez maior entre a burguesia e os papas organizava um Estado vinculado ao poder religioso, em que a nova organização social do feudalismo surgiu para suprir o vácuo de um poder central que não mais existia.

2. Quanto ao desenvolvimento econômico e social do Ocidente na primeira metade da Idade Média, marque V para as assertivas verdadeiras e F para as falsas.

[ ] Os primeiros 1.500 anos da história do cristianismo podem ser divididos em: Período Patrístico, entre 100 d.C. e 476 d.C., e Idade Média, entre 476 d.C. e 1453 d.C. Essa divisão histórica representa o modo como o Período Patrístico se desenvolveu por meio do poder das cidades de Roma e Constantinopla

até o século V. A queda de Roma, ocasionada pelas invasões bárbaras, mergulhou a Europa Ocidental em um período de grande instabilidade, que veio a ser intitulado *Idade das Trevas*.

[ ] O início da Idade Média trouxe situações desfavoráveis e favoráveis ao cristianismo nas regiões do império: havia dificuldades nas regiões distantes de Roma até o Reno e a oeste e norte da Gália, Bretanha e Irlanda; e existia apoio nas situações em que reis se convertiam, como Clóvis e Chilperico, e bárbaros eram batizados.

[ ] A queda de Roma e a fragilidade do poder central, mais as dificuldades em manter o comércio com o Oriente, provocaram falta de produtos e moedas na Europa. O domínio e a posse das terras se tornaram a fonte principal de riquezas da região, o que fez surgir o feudalismo.

[ ] O feudalismo era uma sociedade organizada com base no servo, que devia trabalhar, e no nobre, que resguardava a justiça e as leis, além do clero, que atuava espiritualmente em favor de todos. Logo, havia uma função social para cada cidadão, conforme a citação do século VI: "Todo sólido trono real se mantém sobre três pilares: o primeiro são os oradores, o segundo os laboratores e o terceiro os belatores" (Ermini, 2007c, p. 32).

[ ] A economia feudal europeia se desenvolveu durante os reinados carolíngio e seguintes em uma estrutura fortemente urbana, com pequena utilização de áreas cultiváveis na agricultura, além da colheita de frutos e da caça, da criação de animais selvagens e da pesca. O pacto colonial entre o proprietário e o servo orientava um compromisso entre os dois no uso das terras.

Agora, marque a alternativa que contém a sequência correta:

A] V, V, V, V, V.
B] V, F, V, V, V.

c) V, F, F, V, V.
d) V, V, V, V, F.
e) V, F, V, V, F.

3. Em relação ao Cisma da Igreja do Oriente e ao movimento das Cruzadas, assinale V para as assertivas verdadeiras e F para as falsas.

[ ] A aproximação entre os poderes civil e religioso no Ocidente gerou a coroação de Carlos Magno como imperador do Sacro Império Romano em dezembro de 800, em uma celebração realizada pelo Papa Leão. Esse ato religioso de Roma, que sacralizou o poder civil do imperador ocidental, causou distanciamento entre o Oriente e o Ocidente.

[ ] A controvérsia "iconoclasta" acerca da adoração de imagens, formalizada nas decisões do concílio de 754, foi novamente tratada em 787, com a volta da utilização de imagens nas igrejas, decisão que foi acatada por grande número de lideranças nos séculos seguintes.

[ ] As relações entre as igrejas do Oriente e do Ocidente fragilizaram-se entre os séculos IX e X, até se consumar o Grande Cisma da Igreja, ocasionado pela questão da cláusula *filioque*, pela crescente disputa política entre Roma e Constantinopla e pelo interesse do papa romano em se tornar uma autoridade superior perante as outras lideranças da igreja.

[ ] O resultado da Primeira Cruzada foi a conquista de Jerusalém pelos cristãos em 15 de julho de 1099, o que inaugurou um período de dois séculos de lutas entre o islã e o cristianismo, gerando uma situação de conflitos que deu origem à Ordem dos Templários. Em meio a vitórias e derrotas de ambos os lados, o sultão egípcio Saladino capturou Jerusalém para os muçulmanos em 1187, e uma Terceira Cruzada foi organizada, liderada pelo Imperador Frederico Barba-Ruiva com o rei da Inglaterra, Ricardo Coração de Leão, e o rei da França, Filipe II Augusto.

[ ] O aspecto religioso das expedições da Europa em direção à Terra Santa tinha base em uma mensagem medieval que anunciava a gravidade do pecado e da sua condenação, o que fazia os cristãos reagirem em busca da prática de penitências. A mais comum era a participação nas peregrinações aos lugares santos.

Agora, marque a alternativa que contém a sequência correta:

A) V, V, F, V, V.
B) V, F, V, V, V.
C) V, V, V, F, V.
D) V, V, V, V, V.
E) V, V, V, V, F.

4. Em relação ao escolasticismo, marque a alternativa correta:
   A) A escolástica foi a mais importante escola de pensamento da Idade Média. Surgiu no século XIII e atingiu seu ápice intelectual no século XIV, e seus principais expoentes foram Abelardo e Tomás de Aquino.
   B) O movimento buscava integrar as doutrinas da fé católica com a razão humana por meio de métodos de pensamento oriundos dos filósofos gregos Platão e Sócrates.
   C) O escolasticismo promovia reflexões cristãs embasadas em argumentos místicos para compreender a realidade da existência segundo uma perspectiva compreensível ao homem.
   D) O termo *escolasticismo* tem origem nas escolas medievais que se dedicavam ao estudo da teologia e da filosofia. A escolástica é considerada uma escola de pensamento que promovia a justificação racional das crenças cristãs, ao mesmo tempo em que procurava apresentá-las por meio de uma exposição sistemática.
   E) O escolasticismo não deve ser considerado um sistema de crenças, e sim um método argumentativo por meio do

qual se busca compreender e organizar os conhecimentos oriundos da filosofia.

5. Em relação ao cristianismo na segunda metade da Idade Média, bem como ao declínio do feudalismo e à ascensão da burguesia, assinale a alternativa correta:

A] A Igreja Católica Romana foi uma instituição formidável no início da Idade Média. De seu palácio em Roma, o papa controlava não só a vida religiosa da Europa, mas também a economia e a política do continente. A igreja era uma grande proprietária de terras e, pelo sistema feudal, muitos camponeses deviam a casa, a sobrevivência e o cuidado de sua alma à igreja.

B] A chegada do século XIII trouxe a oportunidade para que os Estados europeus ocupassem a liderança política de suas regiões, o que provocou grave instabilidade às populações e aos territórios nos séculos seguintes, situação que fortaleceu e capacitou tais países para a época das grandes navegações.

C] A peste negra iniciou-se assim que um navio aportou na cidade de Gênova, em 1347, levando a peste bubônica. Até meados de 1450, a doença provocou a morte de pelo menos dois terços dos povos do Oriente Médio e da Europa. Foi uma epidemia de proporções tão graves que acabou transformando de maneira drástica a existência social e religiosa das civilizações que acometeu.

D] As chamadas *repúblicas marítimas da Itália*, como Gênova, Amalfi, Pisa e Veneza, fundaram colônias costeiras em localidades orientais. Dessas localidades se desenvolvia um proveitoso comércio com as cidades de Alepo, Damasco, Alexandria e Cairo, uma situação histórica que gerou um grande distanciamento entre Oriente e Ocidente.

e] No período em que as cidades (burgos) cresciam e as novas classes sociais urbanas (burguesia) prosperavam, diversos aspectos contribuíram para o enfraquecimento do feudalismo e o fortalecimento das atividades mercantis, tanto na Inglaterra, com o surgimento de casas da moeda, quanto na França, com o incremento dos transportes e a realização de feiras regionais para negociar diversos produtos, como vinho, sal, couro e cabeças de gado.

Atividades de aprendizagem

Questões para reflexão

1. Leia a citação a seguir.

> "O Cristianismo é a filosofia de vida que mais fortemente caracteriza a sociedade ocidental. Há 2 mil anos permeia a história, a literatura, a filosofia, a arte e a arquitetura da Europa. **Assim, conhecer o cristianismo é pré-requisito para compreender a sociedade e a cultura em que vivemos.**" (Gaarder; Hellern; Notaker, 2005, p. 147, grifo nosso)

Explique a última frase da citação, em negrito, com base nos conceitos e na metodologia da disciplina de Ciências da Religião, além dos elementos históricos e culturais que relacionam cristianismo e Ocidente na Idade Média.

2. Explique as relações entre igreja e sociedade na primeira metade da Idade Média na Europa. Os reis eram coroados pelo papa, e as disputas entre os povos eram decididas pela igreja, o que fez surgir a seguinte declaração: *Roma locuta, causa finita est*, que significa *Roma falou, a questão está encerrada*, uma citação que se tornou uma expressão símbolo da Idade Média.

3. Agostinho afirmava que a humanidade era incapaz de voltar-se para Deus se não fosse pela graça de Cristo. Explique esse pensamento religioso que versava sobre a soberania de Deus e a responsabilidade humana.

Atividade aplicada: prática

1. O monasticismo foi um movimento de distanciamento da vida social (ascetismo) do cristianismo que buscou confrontar a imoralidade e a fraqueza espiritual da igreja, o qual se desenvolveu na Europa na Idade Média. Algumas ordens religiosas praticantes dessa vivência são os franciscanos e os dominicanos. Faça uma pesquisa entre familiares e moradores da região em que vive a fim de perceber o quanto eles conhecem essa vivência religiosa monástica e de que forma ela é compreendida em nossa cultura.

AS REFORMAS E A EXPANSÃO DO CRISTIANISMO EM MEIO AO SURGIMENTO E À CONSOLIDAÇÃO DA IDADE MODERNA

As influências da Renascença propiciaram os estudos de escritos nas línguas originais, o que veio a impulsionar a reforma protestante do cristianismo em 1517. A transição entre as Idades Média e Moderna foi o período em que os movimentos intelectuais do racionalismo e do empirismo debatiam sobre como se adquire o conhecimento.

> Na Europa, o sistema feudal foi abandonado em prol de novos reinos e cidades-Estado controlados por governantes. [...] Na vida cultural, artistas, filósofos e cientistas redescobriam o aprendizado clássico do passado, num movimento conhecido como Renascença. Em suma, um novo mundo se apresentava, e a Igreja, com suas tradições e estruturas antiquadas, parecia ter um papel menos importante nesse mundo. (Fortino, 2014, p. 233)

Nesse sentido, percebemos o modo como a Igreja Cristã foi influenciada pelo movimento cultural do Renascimento, vindo a refletir conceitos e práticas da instituição à luz da nova consciência clássica, que valorizava as humanidades.

4.1 O Renascimento e o humanismo

O avivamento cultural que se iniciou na Itália, protagonizado pelo Renascimento, entre os séculos XIV e XV teve no humanismo a sua vertente dedicada ao estudo da literatura e das línguas. Vejamos.

4.1.1 Renascimento

A Renascença (do francês *renaissance*) foi um movimento que surgiu na Itália no século XIV, vindo a influenciar as artes e a literatura, a ciência e a erudição de toda a Europa nos séculos seguintes. Foi um renascimento (*nascer de novo*) da cultura clássica greco-romana na civilização ocidental que veio a se tornar a cosmovisão – maneira mais subjetiva pela qual se enxerga o mundo, com atenção à importância das relações humanas e ao destino do mundo e da humanidade – que gestou a Idade Moderna a partir do século XV.

A Itália acabou se tornando a base propulsora do Renascimento cultural por estar um pouco distante das reflexões escolásticas que se desenvolviam mais ao norte da Europa. Também era a localidade em que se encontravam as edificações romanas, o que ajudou a despertar o interesse pela civilização que as havia construído na Antiguidade (McGrath, 2005, p. 69).

Existe, no entanto, um elemento econômico que deve ser levado em conta quando desejamos entender o início do Renascimento na Itália: a crescente riqueza da região a partir do século XIV. Tomemos a cidade de Florença como exemplo: o seu forte sistema bancário e as grandes riquezas oriundas do comércio de lã criaram a oportunidade para que os governantes e alguns ricos mercadores viessem a investir nas artes e em belas construções arquitetônicas, posto que desejavam levar prestígio e grandeza à cidade (Werner, 2017, p. 152).

O motivo para que o Renascimento seja considerado um movimento cultural que, de alguma forma, teve o ser humano como "centro" de suas ideias, e não mais o Deus do cristianismo, originou a mudança de paradigma que esse movimento propagou pela Europa Ocidental. Afinal, não seriam mais as revelações de Deus acerca do conhecimento do homem e do mundo que iriam determinar o modo como se compreende a existência humana e a sociedade, mas, sim, a vanguarda dessa reflexão seria assumida pela capacidade racional livre do homem, conforme já havia ocorrido no período histórico que gestou os clássicos antigos.

Ao mesmo tempo, a valorização renascentista da arquitetura clássica promoveu a construção de grandes edificações e catedrais, além de pinturas realistas e dos próprios afrescos que adornavam as naves das igrejas, como a Capela Sistina, no Vaticano, uma pintura de Michelangelo. O valor literário dos clássicos gregos trazidos para a Itália com a chegada dos intelectuais bizantinos após a queda de Constantinopla (1453) acabou renovando o interesse pelo estudo das chamadas *humanidades*, que concentravam as disciplinas da Gramática e da Retórica, da poesia e da filosofia.

Esses foram alguns dos elementos que desenvolveram um movimento surgido do Renascimento denominado *humanismo* (Werner, 2017, p. 154), que veremos a seguir.

4.1.2 Humanismo

Segundo McGrath (2005, p. 75), "O Humanismo é essencialmente um projeto cultural que recorria à Antiguidade Clássica como modelo de eloquência. O importante era o retorno *ad fontes*" (McGrath, 2005, p. 75). *Ad fontes* é uma expressão latina que define a maneira como a cultura moderna do Ocidente buscava, nas ideias e nos valores clássicos da Antiguidade, as fontes, ou seja, a renovação de sua cosmovisão.

Portanto, o humanismo estudava os clássicos para desenvolver técnicas de conhecimento e aprendizado intelectual, a fim de usá-los como ferramentas de reflexão dos temas mais importantes da época. O primeiro interesse não era estudar os clássicos para conhecer seu conteúdo, o que significa que o humanismo não era somente mais um movimento que seguia os valores genéricos do Renascimento. Ainda que algumas de suas características tenham sido a valorização do Renascimento em detrimento do escolasticismo, bem como o confronto com a religião para apoiar o secularismo, o principal interesse cultural do humanismo foi o retorno às fontes, ou seja, um resgate de modelos e práticas da Antiguidade relacionados ao mundo das letras. Conforme McGrath (2005, p. 74-75), "o humanismo estava interessado em como as ideias eram adquiridas e não com a verdadeira substância dessas ideias".

Ainda que o Renascimento tenha sido pautado por ideais discordantes do pensamento cristão, como a busca por valores pagãos greco-romanos ou a valorização das capacidades humanas, o fato é que os teólogos cristãos Orígenes e Agostinho já haviam destacado as qualidades humanas em suas proposições. Do mesmo modo, é possível afirmar que praticamente 90% das obras artísticas da Itália entre os séculos XV e XVI tinham elementos religiosos como tema e conteúdo. Logo, embora um grande número de intelectuais europeus fossem cristãos ao final da Idade Média, o Renascimento seguiu adiante porque foi desenvolvido por muitos deles enquanto buscavam integrar valores religiosos aos novos conteúdos culturais da época. Foi nesse contexto que o humanista cristão Erasmo de Roterdã e toda a região norte da Europa vieram a liderar um movimento considerado uma visão religiosa da Renascença (Chadwick; Evans, 2007, p. 91).

O humanista Erasmo de Roterdã foi reconhecido como um dos principais escritores da Renascença, vindo a influenciar grandemente o pensamento cristão com suas obras literárias. Duas delas promoveram grande impacto à época, como a tradução e a impressão do primeiro Novo Testamento em língua grega e, ainda, a escrita de um livro dedicado à instrução dos cristãos leigos, *Manual do soldado cristão* (McGrath, 2005, p. 83).

O modo como Erasmo de Roterdã desenvolvia suas atividades intelectuais na Europa é um bom exemplo de como o Renascimento e o humanismo ocasionaram transformações diversas na sociedade do século XVI. O humanismo, ao valorizar o conhecimento técnico das fontes clássicas, acabou orientando os intelectuais para que analisassem tanto as obras patrísticas cristãs como os textos do próprio Novo Testamento na língua grega original. Por sua vez, o Renascimento, um movimento cultural mais amplo que influenciava toda a sociedade, criou a oportunidade para que Erasmo viesse a publicar suas reflexões acerca da Igreja e da religiosidade cristã. Foi nesse contexto que o humanismo cristão avançou por toda a Europa, já que havia intelectuais nas regiões da Inglaterra, da Espanha, da França e da Alemanha que buscavam promover uma restauração religiosa pelos métodos humanistas (González, 2011, p. 527).

Na sociedade, aumentavam os debates entre os defensores das tradições e aqueles que buscavam realizar reformas na religião, e Erasmo começou a receber apoio de intelectuais e soberanos em suas críticas à Igreja. Nesse período, a reforma protestante se desenvolvia pela Europa como um movimento de contraponto à liderança romana, gerando uma situação em que as disputas pelo poder e as contendas teológicas tornavam-se cada vez mais radicais. Foi uma época em que ambos os lados buscavam receber o apoio de Erasmo, mas o humanista religioso preferiu não tomar partido em meio ao clima de divisões da época, decidindo se afastar das discussões. No entanto, orientava que qualquer reforma da Igreja deveria seguir os princípios humanistas sob um espírito de moderação (González, 2011, p. 527).

4.2 A reforma protestante e a contrarreforma católica

O século XVI ficou marcado na história do cristianismo como o período em que houve dois movimentos destacados de reforma da teologia, da doutrina e da organização administrativa da Igreja: a reforma protestante e a contrarreforma católica. Vejamos.

4.2.1 Reforma protestante

Segundo Martinho Lutero (citado por Werner, 2017, p. 161): "Comete-se injustiça contra a Palavra de Deus quando, no mesmo sermão, se consagra tanto ou mais tempo à indulgência do que à pregação da Palavra".

A reforma protestante da igreja cristã ocidental foi um movimento do século XVI que buscou promover uma renovação das crenças e das doutrinas por meio da valorização de princípios e fundamentos somente da Bíblia, em detrimento das tradições, algo que relaciona esse movimento religioso ao movimento cultural do humanismo e sua ênfase no retorno às fontes.

Os primeiros e principais líderes da reforma protestante foram Martinho Lutero, na Alemanha, Ulrico Zuínglio, na Suíça, e João Calvino, na França e na cidade de Genebra. O ato simbólico inicial do movimento ocorreu em 31 de outubro de 1517 na cidade alemã de Wittenberg. Foi nessa ocasião que o Frade agostiniano Martinho Lutero apresentou publicamente as 95 teses em que criticava a venda das indulgências que a Igreja administrava para oferecer o perdão de pecados aos homens, as quais serviam como uma forma de angariar riquezas para a instituição. A grande tese espiritual de Lutero era oriunda do texto bíblico da Carta aos Romanos do Apóstolo Paulo e afirmava que o perdão e a salvação disponibilizados na pessoa de Jesus Cristo aos pecadores eram um presente gratuito dado por Deus a todos que tivessem fé.

O movimento da reforma protestante foi muito mais que um projeto de renovação da teologia e da ética da Igreja, vindo a realizar transformações sociais, políticas e econômicas diversas na sociedade europeia do século XVI e seguintes. Suas proposições doutrinárias acerca do cristianismo se propagaram por toda a Europa e pelo Reino Unido, alcançando com grande vigor a região dos Estados Unidos da América com a emigração europeia no século XVII. Um dado histórico interessante é que a palavra *protestante* começou a ser utilizada para denominar os seguidores de Lutero a partir do ano de 1529, quando príncipes e representantes de cidades alemãs decidiram protestar contra uma decisão conciliar da Igreja de Roma, que negava o valor e buscou restringir o movimento luterano a partir daquela data (McGrath, 2005, p. 97).

O contexto eclesiástico-institucional relacionado à Igreja e o contexto religioso-espiritual mais relacionado aos fiéis, ambos geradores da reforma protestante como um movimento de divisão no seio da Igreja, são mais bem compreendidos por meio da seguinte cronologia histórica:

- Em 1379, o inglês John Wycliffe publicou um livro que relatava os desvios da Igreja e pedia reformas.
- Em 1415, o tcheco Jan Hus foi considerado herege e queimado, por suas ideias que pediam reformas na instituição.
- Em 1517, Martinho Lutero publicou as 95 teses que deram início à grande divisão da Igreja no Ocidente.
- Em 1520, começaram a ser celebrados cultos cristãos luteranos na cidade de Copenhague.
- Na Inglaterra, o Rei Henrique VIII se declarou chefe da igreja anglicana em 1534.

- Em 1536, o reformador e teólogo João Calvino começou a escrever as *Institutas da religião cristã*, vindo a liderar um grande movimento político e social de mudanças na cidade de Genebra.
- Finalmente, entre os anos de 1545 e 1563, a igreja romana organizou o movimento da contrarreforma católica, nas assembleias do Concílio de Trento (Werner, 2017, p. 160).

Acerca do contexto histórico mais abrangente dessa divisão da igreja, sabe-se que um dos princípios religiosos que vieram a simbolizar o término da Idade Média e o início da Idade Moderna na Europa Ocidental foi *post tenebras lux* – ou *após a luz, a escuridão* –, pois a nova religião cristã apregoada pelos reformadores anunciava a chegada de um novo tempo em que as pessoas leriam a Bíblia em sua própria língua, o que as tornaria capazes de se relacionar com Deus diretamente, sem que houvesse a mediação dos sacerdotes e da instituição (Fortino, 2014, p. 237).

Para analisarmos como a religião pode influenciar as atitudes dos homens, vamos ficar atentos ao seguinte fato religioso e suas consequências sociais: assim que a reforma começou a orientar um relacionamento direto do cristão com a pessoa divina, também houve a oportunidade para que o fiel buscasse a Deus de forma mais pessoal para o tratamento das inquietações de sua alma. Isso é algo que irá torná-lo alguém mais responsável pelas proposições éticas da fé, conduzindo-o para que se envolva mais diretamente na vida cotidiana da sociedade. Nesse contexto, o teólogo João Calvino assumiu a tarefa de organizar as doutrinas religiosas que tinham o propósito de "enviar" o cristão protestante integralmente ao mundo secular, já que a religiosidade cristã interior deveria ser vivenciada na realidade exterior da existência. Eis, portanto, o aspecto religioso relevante de um movimento que orientou o protestantismo para atuar na sociedade, algo que, posteriormente, veio a ser a base de uma conduta que se tornou tema de um dos mais importantes estudos das ciências da religião, desenvolvido no livro *A ética protestante e o espírito do capitalismo*, de Max Weber[1], conforme analisamos no primeiro capítulo.

4.2.2 Contrarreforma católica

A contrarreforma foi um movimento organizado pela igreja romana ocidental no século XVI que tanto renovou como fortaleceu as atividades eclesiais e as doutrinas religiosas do cristianismo católico ao final da Idade Média. É possível destacar duas atividades para exemplificar a maneira como a Igreja de Roma buscou reagir aos desejos de renovar sua instituição e aos confrontos oriundos da divisão que ocorria com o surgimento da reforma protestante:

1. De um lado, houve uma autorização oficial e um apoio ostensivo do papa para que a Sociedade de Jesus, ordem fundada em 1534 por Inácio de Loyola, pudesse fortalecer os princípios da Igreja por toda a Europa.
2. De outro, tinham-se a renovação do interesse pelas artes cristãs e o crescimento do estilo barroco na Itália, o que fez com que as edificações construídas nesse modelo e os ornamentos com esculturas e pinturas sagradas se tornassem um veículo de propaganda do esplendor e da grandeza da igreja romana, o que ajudou o catolicismo a manter-se como religião dominante na Espanha e na Itália (Werner, 2017, p. 163).

Um dos motivos que levaram a liderança católica a organizar um concílio na cidade de Trento a partir de 1545 e que, com algumas interrupções, durou até 1563 foi o enfraquecimento da autoridade do papa, o que fazia com que o catolicismo não tivesse uma unidade

---

[1] Max Weber é considerado um dos cientistas sociais clássicos, junto com Karl Marx e Émile Durkheim, pois os seus métodos de investigação da sociedade se tornaram a base fundamental de um estudo social que somente se organizou como ciência ao final do século XIX.

de pensamento central para orientar suas atividades e suas práticas. Era preciso tratar o quanto antes das questões relacionadas aos desvios e à corrupção do clero e se fazia necessário responder aos questionamentos e às críticas levantados pelos protestantes.

Nesse contexto, por 18 anos a Igreja se manteve em concílio a fim de deliberar sobre as questões que julgava necessário explicar e redefinir sobre as doutrinas e os dogmas católicos, a fim de que houvesse um esclarecimento para o clero e uma boa orientação aos fiéis sobre como a Igreja deveria atuar depois da divisão. Algumas das decisões tomadas pelo movimento da contrarreforma foram:

- a proibição da leitura de textos contrários ao pensamento católico, especialmente os livros de Erasmo, Lutero e Calvino, além da tradução em grego da Bíblia, já que somente a Vulgata (versão em latim) era considerada como texto oficial da fé católica;
- o início da construção de novas igrejas em diversas regiões da Europa e a organização de um espaço apropriado nos templos para que a mensagem dos sermões pudesse ser ministrada aos fiéis;
- a inquisição como um tribunal de julgamento de todos que fossem considerados hereges na perspectiva católica (Fortino, 2014, p. 237).

As decisões do Concílio de Trento foram capazes de esclarecer o pensamento da igreja romana sobre diversos temas doutrinários importantes e acerca do modo como a educação e as missões católicas deveriam ser desenvolvidas pela Igreja. Tais decisões vieram a fortalecer suas atuações na sociedade europeia e em outros continentes no decorrer dos séculos seguintes.

Segundo Chadwick e Evans (2007, p. 106), o concílio iniciou com interesses distintos: uma ala política desejava tratar dos abusos da Igreja e ter liberdade para negociar temas doutrinários com os protestantes; já o papa buscava oficializar a doutrina católica tradicional, que foi o que acabou acontecendo ao final das assembleias. Ao término do concílio, era possível perceber com clareza o que significava ser um cristão católico, em contrariedade ao que estava sendo defendido pelo protestantismo. A igreja romana estabeleceu um programa de organização interna e atividades externas amplamente definido, no qual a função de cada membro do clero foi esclarecida, além da maneira como deveria ocorrer a educação dos fiéis, pela catequese (discipulado) e pelas mensagens dos sermões.

Nesse contexto histórico em que as lideranças da reforma protestante e da Igreja Católica romana estavam definindo os posicionamentos que as distinguiam, eis que se iniciou na Europa um período de conflitos que se prolongaria por décadas, as chamadas *guerras religiosas*[2], que colocaram em lados opostos súditos e governantes, reis e príncipes, enquanto as nações e os povos da região se atacavam mutuamente. No entanto, a centralidade da Europa nos acontecimentos fundamentais do século XVI relacionados ao cristianismo e ao início da Idade Moderna não se resume à divisão da igreja ocidental com a reforma protestante: a Espanha, da rainha católica Isabel e do navegante Cristóvão Colombo, tornou-se a pioneira de um período histórico chamado de *era dos conquistadores*.

---

2   As guerras religiosas foram as batalhas entre católicos e protestantes que ocorreram em diversas regiões da Europa entre os séculos XVI e XVII. Iniciaram-se na França no ano de 1562. Em 1566 começaram os combates da chamada *Revolta Holandesa*. Houve também o conflito religioso entre a nação católica da Espanha e a Rainha Elizabeth I (protestante) da Inglaterra. Em 1618, o Imperador Fernando, do Sacro Império Romano-Germânico, deu início à Guerra dos Trinta Anos (1618-1648), que perseguiu os protestantes que residiam nas regiões do império localizadas nas áreas da Alemanha e da Áustria.

4.3 As explorações do Novo Mundo e a expansão do cristianismo

Para Greco (2008a, p. 56), "A história da conquista espanhola e portuguesa em terras americanas é também a implantação da religião católica". Assim que a Rainha Isabel, de Castela, e o Rei Fernando, de Aragão, sedimentaram sua governança sobre o reino de Espanha, logo se dedicaram a enfrentar o pequeno reinado de Granada ao sul da península ibérica, que estava sob o domínio dos mouros[3], pois os denominados *muçulmanos espanhóis* já não estavam pagando os tributos devidos ao reino de Castela, conforme havia sido acordado com o Rei Fernando III ainda no século XIII.

Durante o ano de 1490, os reis da Espanha sitiaram a cidade de Granada e construíram a pequena Vila de Santa Fé nos arredores para afirmar sua posição. Em 2 de janeiro de 1492, adentraram naquela que seria a última cidadela dos mouros na região a fim de assumir o controle. Essa completa recuperação do território espanhol permitiu que a Rainha Isabel pudesse se dedicar à conquista de novos horizontes além dos mares, unindo-se a Cristóvão Colombo em seus planos de buscar uma nova rota de comércio em direção às Índias. O compromisso entre a Coroa espanhola e o explorador genovês teve suas regras seladas pelo documento *Capitulações de Santa Fé*, assinado na própria vila fundada nos arredores de Granada.

As grandes navegações dos séculos XIV e XV foram empreendidas por espanhóis, portugueses, ingleses e holandeses. Percebeu-se que as rotas de comércio da Ásia eram perigosas e custosas devido à grande quantidade de mercadores que negociavam na região.

---

[3] Os mouros são os povos oriundos do norte da África e praticantes do islamismo que ocuparam a península ibérica durante a Idade Média, até que foram expulsos pela Coroa espanhola no fim do século XV, em um episódio político realçado pelo conflito entre o catolicismo e o islamismo que havia se agravado durante as Cruzadas.

Logo, a descoberta de uma nova rota que ligasse a Europa diretamente às regiões das especiarias do Oriente traria grande riqueza aos que viessem a controlar os novos caminhos comerciais, daí o interesse dos reis e dos comerciantes europeus na organização das navegações no Oceano Atlântico, para que algumas especiarias que não eram encontradas no continente europeu, como canela, gengibre e pimenta, além de pedras preciosas, seda e ouro, pudessem abastecer os mercados do Velho Mundo. Tais especiarias se encontravam com abundância nas ilhas da Indonésia (González, 2011, p. 142).

Nesse contexto, logo que o conquistador Colombo zarpou amparado pela Rainha Isabel de Espanha – a qual entendia que a viagem era igualmente uma missão cristã para abençoar os orientais –, o primeiro objetivo era alcançar a Ásia. Afinal, como o continente das Américas era ignorado pelos europeus, imaginava-se que, viajando sempre a oeste pelo Oceano Atlântico, seria possível dar a volta ao mundo até alcançar as ilhas das especiarias por um caminho alternativo. Nessa expectativa foi que Cristóvão Colombo chegou até à Ilha das Bahamas, na América, imaginando, porém, que havia chegado na Indonésia, no Oriente. Das Bahamas navegou até o Caribe e Cuba, além de passar por São Domingos e outras ilhas da região. Retornou para a Espanha com algumas provas de suas descobertas, carregando mantimentos, além de ouro e até nativos, que levou como escravos.

Nesse ponto, faz-se importante salientar alguns fatores e aspectos relacionados ao cristianismo católico que foram essenciais para o desenvolvimento e a continuidade das navegações europeias rumo ao Novo Mundo – as Américas. Uma das primeiras preocupações dos reis espanhóis quando Colombo começou a lhes oferecer participação nas navegações era se a Coroa teria o direito de realizar tais viagens segundo a autoridade da Igreja; assim que foram descobertas as novas terras, tal questão tornou-se fundamental, o que requeria uma pronta solução. Era preciso autorizar e garantir todos os direitos relacionados à colonização das novas terras, tanto a exploração comercial quanto a conquista dos territórios, prerrogativas que estavam intimamente ligadas às missões de evangelização. Como o Papa Alexandre VI respeitava bastante o Rei Fernando, logo lhe forneceu documentos oficiais (bulas papais), em 1493, que concediam ao rei todos os direitos sobre as terras que estavam sendo descobertas, desde que houvesse respeito aos termos anteriormente estabelecidos, que já davam a Portugal o direito sobre as regiões a oeste de Cabo Verde; a leste e a partir do meridiano ao norte, a Espanha católica assumiu todos os direitos de colonização e evangelização do Novo Mundo recém-descoberto (González, 2011, p. 150).

A Idade Média ficava para trás, e a Idade Moderna se anunciava no horizonte. Nesse ponto, não devemos desprezar a importância da viagem de Cristóvão Colombo na história, já que a descoberta do navegador acabou estabelecendo uma relação permanente e duradoura entre as duas civilizações continentais (europeia e americana), que estiveram separadas por praticamente milhares de anos. O mundo jamais seria o mesmo! Infelizmente, assim que os europeus e o cristianismo chegaram às Américas, levaram consigo alguns dos piores males de sua bagagem histórica recente, como doenças mortais e graves perseguições, além do desprezo à cultura e à espiritualidade dos povos das regiões conquistadas, o que fez as nações nativas passarem por grave opressão e miséria sob o domínio dos europeus (Werner, 2017, p. 159).

Ao mesmo tempo, é importante destacar a atuação dos missionários católicos oriundos das mais diversas ordens religiosas da igreja, como os franciscanos e os dominicanos, além dos jesuítas e de outros que acompanharam os exploradores nas descobertas e, depois, durante a conquista de toda a América, do Haiti até Lima e Cusco, no Peru, a Venezuela e, em seguida, o Rio da Prata, chegando em Assunção, no Paraguai. Tanto nas regiões espanholas quanto nos territórios dos portugueses, os líderes da colonização eram confrontados pelos religiosos, como os jesuítas na região de São Paulo, Brasil, pois, enquanto os missionários buscavam organizar colônias católicas que mantivessem alguma dignidade dos nativos, os bandeirantes apenas desejavam capturá-los para o comércio de escravos (Greco, 2008a, p. 56).

Nas terras mais ao norte do continente americano, o espanhol João Ponce de Leão, então governador de Porto Rico, acabou descobrindo a região da Flórida, nome dado em homenagem ao rei da Espanha, pois a conquista se deu na época da celebração da festa que tinha o nome de *Páscoa Florida* (González, 2011, p. 216).

No entanto, o maior símbolo da colonização do território da América do Norte tornou-se também um fato religioso de influências culturais, sociais e políticas dos mais significativos. O protestantismo inglês, em busca de liberdade para propagar sua fé, acabou fundando uma das colônias cristãs mais importantes para o desenvolvimento do cristianismo na futura nação dos Estados Unidos da América. Trata-se da famosa viagem dos peregrinos, que, do navio Mayflower, desembarcaram na região de Plymouth, em 1620, liderados pelos puritanos calvinistas que haviam fugido da Inglaterra para vivenciar os ideais de uma religiosidade mais pura, a fim de se livrar das tradições e hierarquias católicas que a Igreja Anglicana inglesa mantinha em suas práticas. Além de valores religiosos, os peregrinos organizaram um sistema político oriundo do parlamento inglês, que elegia autoridades dentre o povo para gerir a administração da comunidade. Esse padrão de governança civil veio a se tornar um modelo para toda a colonização inglesa implementada na América do Norte (Werner, 2017, p. 173).

4.4 O racionalismo e o empirismo

Os movimentos intelectuais da modernidade e o pensamento cristão pós-reforma protestante e pós-contrarreforma católica se tornaram práticas racionais e religiosas de reflexão do ser e do mundo, construídas em uma dialética distintiva na história, devido ao modo como tão gravemente influenciavam e questionavam uma a outra e ampliavam significativamente o conhecimento cultural do Ocidente. A integração entre esses elementos religiosos e culturais no cerne da civilização ocidental é uma amostra da importância da religiosidade na construção da sociedade. Neste livro, vamos apontar alguns de seus elementos e perceber suas conexões.

> A ideia de que a Terra gira em torno do Sol, e não o contrário, é aceita atualmente como fato. Mas no início do século XVII, essa teoria, publicada pelo astrônomo polonês Copérnico em 1543, contradizia os ensinamentos da Igreja católica, gerando uma polêmica que envolveu os maiores cientistas da época, entre eles Galileu Galilei [...] As visões da Igreja e de Galileu diferiam por causa das diferentes formas de se chegar à "verdade". De acordo com a Igreja, a verdade era revelada por Deus [...] A ciência, por outro lado, valia-se de observações experimentais [...]. (Fortino, 2014, p. 242)

A teoria do conhecimento (epistemologia) busca compreender a condição e a maneira pela qual os seres humanos adquirem conhecimento. Nesse contexto, o início da Idade Moderna foi marcado por duas correntes de pensamento que se dedicaram a aprimorar a busca do conhecimento diante das possibilidades e necessidades da época: o racionalismo, sob a liderança do filósofo francês René Descartes, e o empirismo, que se serviu do empenho do inglês John Locke para desenvolvimento e propagação a partir da Inglaterra. No entanto, antes de avançar na compreensão dos conceitos desses dois pensadores, vale a pena recordar o entendimento clássico da filosofia pelas reflexões de Platão e Aristóteles.

Platão nasceu em Atenas (427-347 a.C.) e conviveu com Sócrates. O aspecto mais importante de seu pensamento está descrito na teoria das formas. Trata-se de um conceito que entende que a realidade material que conseguimos enxergar é uma imagem específica relacionada às formas, e estas têm o propósito de comunicar princípios do ser imanente ao nosso mundo. Por meio desse entendimento, Platão explicava que *lógos* ("palavra") era a "forma" do bem em nosso mundo, a fim de nos apresentar a lógica transcendente que organizava o universo. O cristianismo se utilizou dessa perspectiva filosófica platônica para identificar a encarnação de Jesus Cristo como o *lógos* de Deus, ou seja, uma forma visível do princípio do ser, que tanto anunciava como possibilitava aos homens alcançar o conhecimento da verdade. Portanto, a maneira pela qual Platão entendia que era possível adquirir conhecimento pressupunha que o homem deveria praticar uma reflexão para compreender a realidade com dados oriundos somente da própria mente, pois o verdadeiro conhecimento já se encontrava no interior do homem.

Já Aristóteles nasceu na Grécia (384-322 a.C.) e desenvolveu um princípio de conhecimento que se baseava na observação da realidade, com o objetivo de adquirir informações acerca da existência, vindo a se tornar o pensador mais influente de toda a cultura ocidental. Frequentou a academia de Platão até que as diferenças entre seus modelos de pensamento fizeram com que ele fundasse sua própria escola em Atenas, no ano 335 a.C., o Liceu, onde se dedicou ao estudo da natureza por meio da observação do mundo natural para fazer uma descrição de seus princípios. No cristianismo da Idade Média, pode-se ver o pensamento de Aristóteles nas argumentações de Santo Tomás de Aquino, no século XIII, que aproveitou o princípio da física aristotélica de que tudo que se move é movido por uma outra força superior para explicar a existência soberana de Deus sobre o universo. Logo, Aristóteles entendia que a maneira pela qual pode-se adquirir conhecimento origina-se da análise dos dados que a observação da realidade exterior nos permite identificar no mundo.

Assim, tanto o racionalismo, que entende o conhecimento dependente somente da razão humana, como o empirismo, que orienta a busca do conhecimento pela observação do mundo exterior, têm bases no pensamento clássico de Platão e Aristóteles. Agora, vamos nos dedicar a observar mais de perto esses dois movimentos que influenciaram bastante a reflexão religiosa cristã e o pensamento da cultura ocidental.

4.4.1 Racionalismo

A palavra *racionalismo* tem origem no latim *ratio*. Enfatiza o princípio de que a verdade acerca da existência é um conhecimento que se adquire somente pelo raciocínio, não havendo a necessidade do uso dos sentidos e da experiência para se obter a real compreensão acerca de alguma coisa. Segundo McGrath (2005, p. 273), a expressão *autonomia do pensamento humano* esclarece essa perspectiva da teoria do conhecimento ao indicar que unicamente com o uso da razão a humanidade será capaz de alcançar o esclarecimento e a compreensão das verdades absolutas da existência. O racionalismo argumenta em favor da existência de ideias inatas, já presentes naturalmente na mente dos seres humanos.

As premissas do racionalismo influenciaram grandemente o cristianismo a partir do século XVII, e diversos escritores começaram a explicar a existência de Deus baseando-se em argumentos exclusivamente racionais, como G. W. Leibniz e René Descartes. Ao fundamentar a busca do conhecimento de Deus e da realidade somente pela capacidade interior do raciocínio, Descartes acabou desprezando o valor das Escrituras (revelação) como fonte das verdades divinas, rechaçando a relevância do conhecimento adquirido pela experiência dos sentidos, uma perspectiva mais relacionada ao empirismo.

A declaração mais famosa de Descartes foi apresentada em sua obra *Discurso sobre o método* (1637): *Penso, logo existo*. Essa afirmação busca enfatizar o fato de que, assim que um ser humano reconhece a sua própria existência, compreende que se trata de um conhecimento verdadeiro, pois tal assertiva não se origina de nenhuma argumentação, mas, sim, diretamente da mente, como uma intuição direta acerca de nós mesmos. Essa percepção puramente racional pela qual Descartes reconhecia e autorizava a si mesmo como um ser vivo tornou-se uma convicção que lhe permitiu desenvolver premissas na busca de um conhecimento puro do ser e da realidade. Antes dele, Santo Agostinho observou que, mesmo se estivesse errado acerca de sua própria existência, tal entendimento iria provar, na verdade, que ele existia, pois somente alguém que existe pode errar (Fortino, 2014, p. 118-121).

As interações entre as reflexões racionalistas e religiosas que vislumbram o entendimento de um mesmo aspecto, tanto do ser humano como do ser divino, sobre as origens e o conhecimento da natureza de ambos integram um conceito relacionado à filosofia da religião.

4.4.2 Empirismo

O empirismo foi um movimento contrário ao racionalismo que procurava definir a maneira como podemos adquirir conhecimento, pois dava um grande valor à experiência e aos sentidos do homem, argumentando que os próprios fatos da realidade negam a existência de que existam ideias inatas na mente humana. Logo que o homem nasce, ele não traz consigo ideias que seriam compartilhadas por todos, ao mesmo tempo em que não existem verdades universais únicas que possam ser reconhecidas em todas as culturas e na história. Portanto, o conhecimento que a humanidade pode alcançar é um conteúdo que se adquire pela experiência (Fortino, 2014, p. 131).

Essa teoria foi bastante desenvolvida por John Locke (1633-1704), que concordava com o filósofo francês Descartes sobre o valor do pensamento como o elemento do ser que organiza todo conhecimento. No entanto, Locke negava que existissem ideias inatas na mente, pois declarou que todo conhecimento é oriundo da experiência, seja aquela que vivenciamos pelos sentidos, seja a própria experiência interior da mente quando esta reflete acerca de sua própria natureza, o que pode ser considerado como um "sentido interno" da humanidade (González, 2011, p. 323).

Em sua obra *Ensaio acerca do conhecimento humano* (1690), Locke esclarece que Deus não dá aos seres humanos a condição de nascerem com ideias inatas na mente, mas, sim, os capacita com os sentidos necessários para que possam compreender as verdades da existência. Ele entendia que a razão é utilizada a fim de que nos seja possível compreender os dados que a experiência e os sentidos fornecem ao ser humano, mas não pode ser considerada uma fonte originária do conhecimento em si mesma. O próprio conhecimento acerca de Deus surge da experiência assim que o ser humano amplia algumas de suas sensações, como as da duração do tempo e da felicidade, que, combinadas a uma noção de infinito, permitiriam que a humanidade viesse a alcançar, então, o conhecimento acerca de Deus.

Esse confronto de ideias acerca da epistemologia travado pelos movimentos do racionalismo e do empirismo veio a gerar duas teorias para explicar a maneira como se adquire conhecimento: *a priori*, do que vem **antes**, o que significa que a verdade é um conteúdo oriundo da mente do ser humano (racionalismo); e *a posteriori*, do que vem **depois**, o que significa que a verdade é um conteúdo oriundo das reflexões desenvolvidas pelas experiências sensoriais dos homens (empirismo) (McGrath, 2005, p. 276).

4.5 O desenvolvimento da teoria do conhecimento

A teoria do conhecimento, ou *epistemologia* (do grego *episteme*, "conhecimento"), é um ramo da filosofia que desenvolve o estudo da natureza e dos limites do conhecimento; a metafísica, por sua vez, se ocupa do estudo do ser e da realidade da existência. Portanto, a epistemologia busca compreender a maneira como o ser humano é capaz de adquirir conhecimento.

Para contextualizar historicamente o desenvolvimento dessa teoria, vamos recordar que a Renascença foi um movimento cultural ocorrido entre os séculos XIV e XVII na Europa que se fez notável pela valorização da busca do conhecimento, motivo pelo qual acabou promovendo uma transição da Idade Média para a Idade Moderna. A Renascença renovou o interesse pela cultura greco-romana ao salientar que o conhecimento clássico da Antiguidade foi desenvolvido com base na capacidade racional do homem, e tal perspectiva acabou influenciando uma importante mudança no antigo paradigma existencial que colocava a Igreja no centro da cultura do Ocidente. A partir desse momento, o ser humano passou a ocupar o espaço proeminente e a dianteira dessa nova cosmovisão que se desenvolvia na Europa.

Uma das primeiras descobertas científicas propiciadas pelo contexto renascentista e que acabou confrontando fortemente a autoridade da Igreja no campo do conhecimento surgiu assim que a astronomia demonstrou, pelos estudos complementares de Nicolau Copérnico (visão heliocêntrica, 1543), de Johannes Kepler (órbitas elípticas, 1609) e de Galileu Galilei (obra *Discursos*, 1638), que o nosso planeta não era o centro do universo, pois o sol não girava ao redor da Terra como antes se pensava. Essa compreensão tornou-se um primeiro passo para facilitar as novas investigações acerca do universo. A ciência assumia, então, as rédeas da busca do conhecimento e colocava a matemática e a lógica como os pilares de suas reflexões, de tal forma que "a vitória da descoberta racional e científica sobre o dogma cristão sintetizou o pensamento do século 17" (Fortino, 2011, p. 100).

A denominada *Idade da Razão* acabou integrando a reflexão científica à área da filosofia no século XVII, fato liderado pelos filósofos Francis Bacon e Thomas Hobbes. René Descartes, Blaise Pascal e Gottfried Leibniz valorizaram a lógica no objetivo de afirmar que o raciocínio matemático era o método mais confiável para se alcançar o conhecimento da realidade. Nesse mesmo contexto científico-filosófico, Locke assumia na Inglaterra a liderança das reflexões do movimento do empirismo, que entendia que o conhecimento somente poderia ser adquirido pelos homens por meio da experiência de seus sentidos.

No entanto, essa contraposição de ideias entre o racionalismo e o empirismo se desenvolvia de uma perspectiva comum, a base das argumentações de ambos os movimentos: a centralidade do ser humano como o agente responsável por refletir acerca do conhecimento por meio de suas faculdades intelectuais.

Agora, para analisarmos como a teoria do conhecimento se desenvolveu no século XVII, vamos recordar que o contraste maior entre o pensamento de Aristóteles e Platão era a importância que cada um dava aos dados da realidade que o homem poderia apreender pelos sentidos. São modos distintos de compreender a maneira como se adquire o conhecimento, já que se baseiam em noções diferentes da realidade, pois, para Platão, a essência das coisas está na esfera intelectual do homem e, para Aristóteles, a essência da realidade se encontra nas coisas.

Segundo González (2011, p. 319), a observação da natureza e as reflexões puramente racionais se uniam na busca e na demonstração do que era possível conhecer da realidade, pois a ordem da natureza se ajustava à lógica da razão segundo os princípios do racionalismo. Quanto mais a análise de dados externos propiciava uma melhor explicação da natureza, mais aumentava a confiança dos intelectuais na expectativa de que somente a razão iria prover o conhecimento mais verdadeiro que se poderia alcançar sobre a realidade da existência.

Nessa época, houve um movimento racionalista no cristianismo, denominado *deísmo*, que pretendia explicar a religião sem utilizar os limites e as regras das doutrinas dogmáticas da Igreja. Os deístas buscavam esclarecer os princípios universais daquela que viria a ser considerada como uma religião natural e cristã, a qual teria suas bases e seus princípios oriundos dos instintos interiores dos homens, e não das revelações da Bíblia ou de acontecimentos históricos "sagrados". A religiosidade natural do deísmo apregoava a existência de Deus e a obrigação de adorá-lo com princípios éticos. Haveria tanto uma recompensa para os bons quanto um castigo para os maus. Os deístas confrontavam o dogmatismo da Igreja e o ceticismo da sociedade e propagavam a ideia de que todos os aspectos de valor do cristianismo deveriam ser exatamente aqueles coincidentes com os princípios da religião natural, a qual se origina dos instintos inatos da humanidade.

Portanto, até esse momento da história do desenvolvimento da teoria do conhecimento, a pessoa do Deus cristão continuava sendo considerada essencial nas proposições dos filósofos e dos intelectuais, ainda que a autoridade da Igreja e da Bíblia estivessem sendo questionadas. No entanto, algumas novas e importantes argumentações que surgiram com o racionalismo enfraqueceram as afirmações deístas e também as do empirismo, ao mesmo tempo em que levantaram dúvidas acerca do alcance e da profundidade do conhecimento que o homem pode adquirir. Os novos argumentos filosóficos de David Hume e Immanuel Kant vieram demonstrar que a própria "razão" não era tão razoável como os racionalistas pretendiam que fosse (González, 2011, p. 325).

Nesse sentido, vamos destacar agora os pensamentos daquele que foi considerado um dos intelectuais que mais aprofundou esse tipo de questionamento: David Hume (1711-1776). Filósofo escocês, afirmou que as pessoas estavam acostumadas a utilizar certas experiências oriundas do hábito humano para confirmar que algumas de suas crenças eram verdadeiras, pressupondo que haviam alcançado esse conhecimento por uma experiência dos sentidos diante da realidade, algo que não era verdade, segundo Hume, pois ele dizia que as pessoas estavam acostumadas a ver o Sol nascer todas as manhãs e, por isso, adquiriam o hábito matinal de entender que o Sol iria nascer na manhã seguinte. Mas esse fato não era algo comprovado ou comprovável, pois o dia seguinte ainda não havia ocorrido. Trata-se, então, de um conhecimento adquirido pelo que havia acontecido anteriormente, que era o nascer do sol dos dias passados. Não era um conhecimento baseado na ocorrência do fato diante da realidade. O filósofo utilizou essa análise para levantar suspeitas acerca do valor que o conhecimento do empirismo poderia fornecer aos homens, argumentando que os dados da experiência humana são limitados para observar a realidade do mundo na busca de conhecimento.

Já o grande filósofo Immanuel Kant (1724-1804), que escreveu a obra *A crítica da razão pura*, apresentou a teoria do idealismo, que pregava o entendimento de que tanto a razão como a experiência eram necessárias para compreender o mundo. Nesse caso, o racionalismo contribuiria com a **razão** interior que capacita o homem a compreender algo, enquanto o empirismo forneceria um conhecimento que somente pode ser alcançado pela experiência. Com essa argumentação, Kant relacionou a **sensibilidade** de Locke com o **entendimento** de Descartes. Nessa perspectiva, e no contexto de nossa reflexão acerca da epistemologia, afirma-se que Kant foi o filósofo que conseguiu combinar esses dois movimentos na história do conhecimento (Fortino, 2011, p. 171).

O pensamento de Kant, que veio trazer alguns limites para as teorias racionalistas que buscavam dogmatizar de forma absoluta o conhecimento da realidade, argumentava que a mente do homem não carrega consigo ideias inatas, mas, sim, que existem no interior da mente humana certas estruturas que permitem ao homem organizar as sensações fornecidas pelos sentidos. Essas sensações que o homem adquire por meio da experiência também chegam até nós de forma bastante confusa, daí a necessidade de que sejam organizadas em nosso interior por alguns modelos estruturais da mente, como os do tempo e do espaço, da existência e da substância. Essa compreensão demonstrava que os raciocínios somente interiores do racionalismo não teriam a condição de oferecer uma boa análise da realidade para o ser humano na busca do conhecimento, já que o entendimento da humanidade acerca das coisas está fortemente relacionado ao modo como os seres humanos percebem e concebem a realidade ao redor. Logo, para Kant, uma compreensão racional mais objetiva e simplista da realidade, conforme apregoada pelos racionalistas, empiristas e deístas, não era um conhecimento que deveria ser considerado de maneira absoluta.

Quanto a Deus e à religião cristã, Kant entendia que as críticas que ele fizera ao racionalismo não implicavam a negação de Deus, mas também afirmava que a razão não tinha condições de reconhecer e afirmar a existência de Deus. No entanto, havia um princípio moral universal determinado para o homem que o filósofo destacava pela realidade da pessoa divina. Segundo ele, existe uma **razão prática** relacionada à vida moral que determina que os homens pratiquem o ato correto em suas vidas para que tal atitude se torne um padrão. Essa razão prática é um conceito relacionado à existência de Deus, já que Deus é o juiz dessa ação moral assim que ela é vivenciada pela alma humana em suas atitudes.

Os argumentos de Kant que levantam dúvidas sobre a condição do racionalismo lógico ser capaz de definir verdades absolutas para a humanidade acabaram auxiliando no entendimento da complexidade e dos limites da teoria do conhecimento. Quanto às questões relacionadas ao cristianismo desenvolvidas no período inicial da Idade Moderna, a existência da pessoa de Deus ainda não estava sendo questionada pelas análises filosóficas da época.

Nesse contexto, devemos observar como o desenvolvimento intelectual que formatou o pensamento moderno transcorreu em paralelo ao progresso do pensamento cristão religioso, em uma proximidade epistemológica que marcou fortemente tanto as bases reflexivas do cristianismo como da civilização ocidental. Trata-se de fenômenos históricos, eclesiásticos e culturais que progrediram de modo bastante integrado no período inicial da modernidade, revelando a força da religião na construção dos fundamentos das sociedades e *vice-versa*, algo que explica por que os aspectos racionais na organização e na compreensão do cristianismo se tornaram marcas profundas de sua religiosidade.

Síntese

Neste quarto capítulo, vimos que a Renascença, ou o Renascimento, foi um movimento de renovação cultural que surgiu no século XIV na Europa, vindo a formar a cosmovisão ocidental da Idade Moderna com base em elementos clássicos greco-romanos. A maior mudança ocasionada por esse movimento foi colocar o ser humano no centro da sociedade, com suas reflexões, aspirações, capacidades e projeções, retirando das mãos da Igreja a condição de definir o modo como a civilização deveria entender a realidade e organizar o mundo.

Os principais líderes da reforma protestante, iniciada em 31 de outubro de 1517, foram os teólogos Martinho Lutero, Ulrico Zuínglio e João Calvino, que organizaram os fundamentos teológicos e as propostas éticas de uma nova instituição religiosa cristã no Ocidente. Esse movimento trouxe grandes transformações na sociedade, na política, na economia e nos costumes da sociedade moderna, vindo a influenciar a Europa, o Reino Unido e, especialmente, os Estados Unidos da América a partir do século XVII.

Enquanto o protestantismo se desenvolvia na primeira metade do século XVI, a Igreja Católica romana organizava o movimento da contrarreforma em 1545 como um projeto de renovação e fortalecimento das doutrinas e das atividades da Igreja. A liderança católica decidiu fortalecer as suas doutrinas diante do protestantismo e buscou investir em missões na Europa e no restante do mundo.

Os Estados Unidos da América foram descobertos em 1492 por Cristóvão Colombo, que se associou aos reis da Espanha em um empreendimento que buscava descobrir novas rotas comerciais no Oriente pelos mares. A conquista de Colombo estabeleceu uma relação duradoura e profícua entre a Europa e as Américas, abrindo espaço para o incremento das missões cristãs, que enviavam sacerdotes com os colonizadores a fim de doutrinar os habitantes dos novos territórios.

Por fim, vimos que a Idade Moderna foi marcada pelos debates entre pensamentos distintos acerca da teoria do conhecimento: o racionalismo, de René Descartes, que entendia que o conhecimento pode ser apreendido somente pela razão humana, na perspectiva de Platão; e o empirismo, de John Locke, que acreditava que o conhecimento é oriundo da observação do mundo exterior, com base em Aristóteles. As proposições racionalistas, que entendiam que a lógica compreensão da realidade traria um conhecimento definitivo para a humanidade acerca da existência, foram colocadas em dúvida pelo filósofo Immanuel Kant, que buscou levantar dados sobre a complexidade e os limites da teoria do conhecimento.

INDICAÇÕES CULTURAIS

A MISSÃO. Direção: Roland Joffé. EUA/Reino Unido, 1986. 125 min.

Baseado em fatos históricos, este filme apresenta os conflitos entre a Companhia de Jesus (jesuítas) e a Coroa portuguesa quanto à colonização no Brasil no século XVIII. Podemos ver o Padre Gabriel evangelizando e educando uma tribo de índios guaranis na Missão São Carlos e o mercador de escravos Rodrigo Mendoza buscando paz interior na missão, até que se converte e se torna um jesuíta, vindo a auxiliar o padre na missão. A narrativa dramática se desenvolve a partir do pedido dos padres para que a Igreja continue sustentando a missão entre os índios, que se encontra ameaçada devido aos interesses econômicos e políticos dos reinos de Portugal e da Espanha, já que tudo que resta aos indígenas é serem evangelizados, em época na qual ou sua cultura era bastante prejudicada, ou eram feitos escravos pelos colonizadores. Um filme interessante e valioso acerca dos conflitos entre os propósitos religiosos e educacionais das missões cristãs e as questões comerciais da colonização.

MONDONI, D. **E os cristãos se dividiram**: das reformas ao Vaticano II. São Paulo: Loyola, 2015.

O autor apresenta uma longa análise sobre o pensamento cristão desenvolvido a partir do século XVI até o século XX, destacando as situações históricas e os questionamentos culturais sobre os quais o cristianismo apresentou seus valores religiosos. Procurou ressaltar os períodos e os pensamentos relacionados ao Iluminismo e à Revolução Francesa, bem como o contexto filosófico da modernidade, que afastou da Igreja os intelectuais e até os leigos. Ainda são analisadas algumas decisões do Concílio Vaticano II e seus propósitos de reaproximação da nova sociedade que se formou a partir da metade do século XX. Além disso, o autor destaca o modo como o cristianismo buscou preservar seus valores morais e religiosos em meio às transformações vivenciadas pela sociedade desde a Idade Média. Trata-se de uma obra indicada a todos que desejam reconhecer e compreender melhor como a religião cristã tem se posicionado perante os movimentos culturais dos últimos séculos.

Atividades de autoavaliação

1. Em relação ao renascimento e ao humanismo, e acerca de suas influências no cristianismo, assinale V para as assertivas verdadeiras e F para as falsas.

[ ] A renascença foi um movimento que surgiu no século XIV e influenciou as artes, a literatura, a ciência e a erudição de toda a Europa com o renascimento ("nascer de novo") da cultura clássica cristã medieval na civilização ocidental.

[ ] A razão para que o Renascimento seja considerado um movimento cultural que teve o ser humano como centro de suas ideias se origina da manutenção e da continuidade do paradigma teológico escolástico que esse movimento propagou pela Europa Ocidental.

[ ] O humanismo estudava os clássicos para desenvolver técnicas de aprendizado intelectual no objetivo de utilizá-las como ferramentas de reflexão dos temas da época. Ou seja, não era somente mais um movimento que seguia os valores genéricos do Renascimento; o princípio do retorno às fontes, para realizar um resgate de modelos e práticas da Antiguidade relacionados ao mundo das letras, foi um de seus conceitos fundamentais.

[ ] O humanista Erasmo se tornou um dos principais escritores da Renascença. Influenciou o pensamento cristão com obras literárias, duas das quais promoveram grande impacto, como a tradução e a impressão do primeiro Novo Testamento em língua grega e a escrita de um livro dedicado à instrução dos cristãos leigos, *Manual do soldado cristão*.

[ ] Em meio aos debates entre os defensores das tradições católicas e aqueles que buscavam realizar reformas na religião cristã, Erasmo recebia apoio em suas críticas à igreja e a reforma protestante crescia na Europa como um movimento contrário à liderança romana, em uma situação na qual as disputas pelo poder e as contendas teológicas tornavam-se cada vez mais radicais.

Agora, escolha a opção que contém a sequência correta.

A) V, F, V, F, V.
B) V, F, F, V, V.
C) V, F, V, V, V.
D) F, F, V, V, V.
E) F, V, F, V, V.

2. Quanto à reforma protestante e à contrarreforma católica, assinale V para as assertivas verdadeiras e F para as falsas.

[ ] Os principais líderes da reforma protestante foram Martinho Lutero, na Alemanha, Ulrico Zuínglio, na Suíça, e João Calvino, na França e na cidade de Genebra, com o ato simbólico inicial do movimento em 31 de outubro de 1517, na cidade de Wittenberg.

[ ] A tese de Lutero tinha bases no texto bíblico da Carta aos Romanos e apresentava o fundamento teológico que afirmava que o perdão e a salvação existentes em Jesus Cristo era uma graça definitiva e completa dada por Deus aos que tivessem fé.

[ ] Em 1520, começaram a ser celebrados cultos cristãos luteranos na cidade de Copenhague. Na Inglaterra, o Rei Henrique VIII se declarou chefe da Igreja Anglicana em 1534. Em 1536, o reformador João Calvino começou a escrever as *Institutas da religião cristã*, vindo a liderar um grande movimento político e social na cidade de Genebra.

[ ] A nova religiosidade cristã apregoada pelos reformadores anunciava o tempo em que as pessoas leriam a Bíblia em sua

própria língua, o que as tornaria capazes de se relacionar com Deus diretamente, buscando sempre a intermediação dos sacerdotes e da instituição.

[ ] O pensamento teológico de João Calvino definia uma visão religiosa protestante reformada que iria promover princípios da santificação divina em todas as áreas da vida humana em sociedade.

Agora, marque a alternativa que contém a sequência correta:

A] V, V, F, V, V.
B] V, V, F, V, F.
C] V, V, V, V, V.
D] V, V, V, F, V.
E] V, F, V, V, V.

3. Em relação aos conceitos e às decisões do movimento da contrarreforma católica, marque a alternativa correta:

A] A contrarreforma foi organizada pela igreja romana ocidental no século XIX para renovar e fortalecer as atividades eclesiais e as doutrinas do cristianismo católico ao final da Idade Moderna.

B] Duas atitudes exemplificam o modo como a igreja de Roma reagiu aos desejos de renovar a instituição: a autorização e o apoio do papa para que as Ordens Mendicantes pudessem fortalecer os princípios da igreja na Europa e a renovação do interesse pelas artes cristãs, além do estilo barroco, com edificações religiosas construídas nesse modelo.

C] A fragilidade da autoridade papal e a necessidade de unificar o pensamento religioso da instituição foram motivos importantes no desenvolvimento da contrarreforma entre as décadas de 1550 e 1575 na América.

D] Algumas decisões da contrarreforma foram a proibição da leitura de textos contrários ao pensamento católico;

a construção de novas igrejas em diversas regiões da Europa, com espaço apropriado para se ministrar sermões; a atuação da Inquisição como um tribunal de julgamento de todos que fossem considerados hereges na perspectiva católica.

E] O Concílio de Trento esclareceu o pensamento da igreja sobre temas doutrinários e sobre o modo como a educação e as missões católicas deveriam ser desenvolvidas pela igreja, decisões que fortaleceram a sua atuação na sociedade brasileira e nos continentes asiáticos.

4. Sobre as explorações do Novo Mundo e a expansão do cristianismo, assinale a alternativa correta:

A] A recuperação do território espanhol permitiu que a Rainha Isabel voltasse sua atenção para a conquista da América, que havia sido descoberta por Cristóvão Colombo em navegações da corte portuguesa.

B] As grandes navegações dos séculos XIV e XV foram empreendidas por espanhóis, portugueses, ingleses e holandeses ao perceberam as dificuldades e o aumento de custos das rotas de comércio da África. A descoberta de uma nova rota que ligasse a Europa diretamente às regiões das especiarias traria grande riqueza aos que viessem a controlar os novos caminhos comerciais.

C] A Rainha Isabel, da Espanha, entendia que a viagem era igualmente uma missão cristã para abençoar os orientais e que seu primeiro objetivo era alcançar a região da Ásia. Afinal, como o continente das Américas era ignorado pelos europeus, imaginava-se que, viajando sempre a oeste pelo Oceano Atlântico, seria possível dar a volta ao mundo até alcançar as ilhas das especiarias por um caminho alternativo.

D] Era preciso garantir os direitos relacionados à colonização das novas terras, e tais prerrogativas estavam ligadas às missões de evangelização protestantes, por isso era necessário receber autorização das novas lideranças religiosas cristãs da Europa.

E] O maior símbolo da colonização da América do Norte tornou-se um fato religioso de influências culturais, sociais e políticas bastante significativas, pois o protestantismo suíço foi fundado na região de Plymouth, uma colônia puritana calvinista que desenvolveu importantes valores cristãos na América.

5. Em relação ao racionalismo, ao empirismo e à teoria do conhecimento, assinale V para as assertivas verdadeiras e F para as falsas.

[ ] A teoria do conhecimento (epistemologia) busca compreender a condição e a maneira pela qual os seres humanos adquirem conhecimento.

[ ] Tanto o racionalismo, o qual entende que o conhecimento depende da observação racional do mundo exterior, como o empirismo, que valoriza as ideias inatas do homem, têm bases no pensamento clássico de Platão e Aristóteles.

[ ] *Racionalismo* origina-se do latim *ratio* e enfatiza o princípio de que a verdade acerca da existência é um conhecimento que se adquire somente pelo raciocínio; não há a necessidade do uso dos sentidos e da experiência para se obter a real compreensão de alguma coisa. A expressão *autonomia do pensamento humano* esclarece essa perspectiva da teoria do conhecimento.

[ ] O empirismo foi um movimento contrário ao racionalismo, pois aquele dava grande valor à experiência e aos sentidos do homem. Afirmava que o homem não carrega ideias compartilhadas por todos, portanto, o conhecimento humano é um conteúdo adquirido na experiência.

[ ] Os debates da epistemologia dos movimentos do racionalismo e do empirismo geraram duas teorias sobre a aquisição do conhecimento: a teoria *a priori*, do que vem antes, o que significa que a verdade é um conteúdo oriundo da mente do ser humano (racionalismo); e a teoria *a posteriori*, do que vem depois, ou seja, a verdade é um conteúdo oriundo das reflexões desenvolvidas por meio das experiências sensoriais dos homens (empirismo).

Agora, assinale a alternativa que contém a sequência correta:

A) V, V, V, F, V.
B) V, F, V, V, V.
C) V, V, V, V, V.
D) V, V, F, F, V.
E) V, V, F, V, F.

ATIVIDADES DE APRENDIZAGEM

Questões para reflexão

1. O maior contraste no pensamento de Aristóteles e Platão era a importância que cada pensamento dedicava aos dados da realidade para o homem adquirir conhecimento. No que se encontrava a essência das coisas para cada um desses dois filósofos e de que forma suas distintas noções da realidade estavam relacionadas aos movimentos do racionalismo e do empirismo?

2. O movimento racionalista cristão denominado *deísmo* pretendia explicar a religião sem os limites e as regras das doutrinas da igreja. Quais eram os pressupostos e os princípios importantes nessa argumentação?

Atividade aplicada: prática

1. A religiosidade natural do deísmo apregoava a existência de Deus e a obrigação de adorá-lo com base em princípios éticos, ou seja, haveria tanto uma recompensa para os bons quanto um castigo para os maus. Segundo Kant, existe um princípio moral universal determinado para o homem segundo a realidade da pessoa divina, que era uma razão prática relacionada à vida moral.

    Reflita sobre como o pensamento platônico da Grécia Antiga – o qual orienta uma reflexão metafísica que integra a moralidade e a consciência do homem – se mantém na concepção deísta da religião universal de princípios éticos e na razão prática moral e filosófica oriunda da realidade do ser divino no início da Idade Moderna. Tratam-se de pensamentos que relacionam moral, espiritualidade e racionalidade do homem como aspectos centrais da personalidade. Faça uma análise da importância desses princípios nos fundamentos da civilização ocidental e na maneira como influenciam nossa cosmovisão neste século XXI.

O ILUMINISMO E O DESENVOLVIMENTO CIENTÍFICO, O SURGIMENTO DA REPÚBLICA, A MODERNIDADE E A PÓS-MODERNIDADE

A Revolução Francesa e os movimentos republicanos dos séculos XIX e XX no continente europeu transformaram a situação política do Ocidente, vindo a propagar os valores que indicavam para a humanidade um futuro próspero e solidário segundo pressupostos racionalistas. Tais princípios foram desenvolvidos pelo positivismo até este se tornar o maior movimento cultural desse período da história, obrigando o cristianismo a dialogar continuamente com uma nova realidade conceitual, a modernidade

5.1 Iluminismo

Para o filósofo francês Denis Diderot (citado por Werner, 2017, p. 194), "O ceticismo é o primeiro passo em direção à verdade". No contexto histórico desse período, o Iluminismo criou a possibilidade de muitas pessoas poderem pesquisar, escrever e publicar as suas teorias inovadoras sobre pensar o mundo e as sociedades humanas.

Segundo Carrato (1963, p. 123), o Iluminismo

> pode ser entendido como um movimento cultural de características racionalistas e empíricas, cujas bases vão fundar-se nos solos propícios do Renascimento e da Reforma. Suas origens remontam, pois, aos séculos intermédios das Idades Média e Moderna, e, ganhando um grande impulso com a expansão da classe burguesa, irá consolidar-se depois da obra dos pensadores do século XVII, principalmente os de Inglaterra.

Participaram desse movimento filósofos, religiosos, políticos e outros, que foram integrando as sociedades europeias e mais tarde envolvendo a sociedade ocidental em uma nova era cultural, principalmente com a influência da Revolução Francesa.

O termo *Iluminismo*, surgido apenas no século XIX, originado do alemão *die Aufklärung* ("aclarar") e do francês *les lumières* ("as luzes"), foi um movimento cultural abrangente da Idade Moderna relacionado a uma determinada época do século XVII, entre os anos 1720 e 1780. Seu princípio essencial orientava que a razão deveria ser utilizada de forma livre e progressista pelo homem para que a humanidade pudesse superar as concepções de mundo medievais que a tinham estruturado até então, posto que tais valores mantinham a sociedade submissa a paradigmas do passado. Um elemento importante acerca do Iluminismo se refere ao fato de que os intelectuais desse movimento se interessavam mais com o modo e a maneira como iriam pensar e desenvolver suas reflexões do que com o conteúdo que cada um deles iria abordar em suas análises e seus textos (McGrath, 2005, p. 125).

Nesse contexto, Diderot publicou, no ano de 1751, o primeiro dos 17 volumes da fundamental obra iluminista *Enciclopédia*, organizada segundo três grandes temas: os assuntos históricos; a razão e a filosofia; a poesia e a imaginação. Diderot se preocupou em editar a obra para propor reflexões que não deveriam se submeter aos dogmas religiosos e às limitações dadas por autoridades de Estado. Para atingir esse objetivo, convocou um grande número de escritores, filósofos e intelectuais para que escrevessem artigos sobre os temas mais diversos. A orientação comum era de que todos deveriam utilizar a razão e a lógica a fim de compreender e expor tanto o mundo natural quanto a realidade da existência. Os textos deveriam se preocupar em estabelecer parâmetros com bases somente racionais para a organização da sociedade, em contraponto aos valores dogmáticos católicos, que vinham definindo a estrutura das instituições sociais nos últimos séculos (Werner, 2017, p. 192).

O Iluminismo tem sua origem exatamente nos pensadores do século XVII, que foram os pioneiros do moderno pensamento científico. O movimento abraçou a razão humana e o questionamento de todo e qualquer conhecimento como ferramentas de sua reflexão acerca da realidade, já que pretendia superar qualquer cosmovisão embasada nas doutrinas da Igreja. Foi nesse contexto de mudança de paradigmas na busca do conhecimento que o Iluminismo conseguiu incentivar o progresso científico nas mais diversas áreas, vindo a desenvolver pesquisas na biologia, na botânica e em setores da tecnologia, além de influenciar as universidades e o meio literário da época.

Para questionar os fundamentos e as bases intelectuais da religião cristã, o Iluminismo adotou conceitos e reflexões oriundos do cartesianismo e do deísmo. Isso desafiou a Igreja para que apresentasse suas doutrinas segundo um sistema racional e coerente. Nesse sentido, o possível apoio que o cristianismo havia recebido dos intelectuais da Renascença e do racionalismo, que acreditavam na existência de Deus e nos valores cristãos desde que oriundos de uma religião natural, foi abandonado no Iluminismo, gerando uma nova situação em que toda e qualquer doutrina cristã que não fosse explicitada nos limites da razão viesse a ser fortemente criticada e rejeitada (McGrath, 2005, p. 127).

Embora a teologia cristã tenha se desenvolvido historicamente por uma integração entre os conceitos da revelação natural e da revelação sobrenatural (Bíblia), essa unidade reflexiva era realizada procurando observar os limites e as funções de cada um de seus distintos tipos de conhecimento. De um lado, havia a revelação natural acerca de Deus que seria encontrada na criação e, de outro, a revelação sobrenatural (Escrituras) por meio da qual Deus iria se fazer religiosamente conhecido para a humanidade. No entanto, em uma clara mudança desse paradigma anterior, os mandamentos éticos bíblicos – as situações históricas narradas pelos profetas e apóstolos nas Escrituras e especialmente o nascimento, a morte e a ressurreição de Jesus Cristo – vieram a se tornar os elementos da doutrina cristã mais criticados pela nova vertente intelectual racionalista do século XVIII.

Nesse contexto, vale a pena considerar o pensamento do teólogo alemão Friedrich Schleiermacher sobre a natureza da religião. Ele afirmava que os conhecimentos dados pela ciência e pela fé eram complementares, e não contrários um ao outro. Serviu-se das ideias do movimento do romantismo, que reagia à frieza intelectual do Iluminismo com a proposição da importância do sentimento na valorização do conhecimento da existência.

> Em seu primeiro livro importante sobre o assunto, *sobre a religião* (1799), ele apresenta três planos da vida humana: conhecimento, ação e sentimento. Embora os três planos estejam interconectados, eles não devem ser confundidos. De acordo com Schleiermacher, o conhecimento pertence à ciência, a ação pertence à ética, e o sentimento, à religião. (Fortino, 2014, p. 243)

Em meio a um contexto cultural no qual os textos bíblicos estavam sendo estudados apenas em seus aspectos históricos, o que excluía das Escrituras os aspectos sobrenaturais, a reflexão de Schleiermacher ajudou a resguardar a Bíblia como um documento sagrado, pois, segundo ele, nela havia registros significativos do valor da experiência religiosa para os homens. Esse entendimento veio a ser denominado *liberal*, em contraponto a *conservador*, já que este último declarava ser a Bíblia, fundamentalmente, uma exposição dos atos e fatos acerca de Deus – esse tema veio a se tornar uma discussão permanente no protestantismo.

De qualquer forma, a proposta de que os sentimentos deveriam se referir à religião e de que o conhecimento seria um tema voltado à ciência orientava uma coexistência dessas duas áreas da cultura, embora tivessem muitas críticas quanto à postura teológica liberal. Como exemplo, no início do século XX, o teólogo Karl Barth afirmou que compreender o cristianismo como somente uma experiência religiosa pessoal poderia levar os fiéis ao egoísmo e à indiferença diante da realidade do que ocorre na sociedade. Os escritos de Barth foram desenvolvidos como críticas aos teólogos liberais cristãos, que se mantiveram em silêncio perante o crescimento nazista alemão nos anos 1930. As tensões entre as afirmações bíblicas e científicas permanecem importantes na reflexão cristã, com a ponderação de que tanto a Bíblia como as diversas ciências que observam a realidade da existência olham para uma mesma realidade; no entanto, são abordagens distintas baseadas em suas particulares formas de pensamento. A ciência busca saber a maneira como a vida surgiu, enquanto a Bíblia deseja entender o propósito da existência (Greco, 2008a, p. 243).

Como podemos verificar nos apontamentos sobre a história das igrejas cristãs e os livros proféticos da Bíblia (Apontamentos, 2015, p. 71), "a principal característica do período medieval era o teocentrismo, que colocava Deus no centro de tudo [...], os valores religiosos predominavam sobre quase todos os aspectos da vida dos indivíduos. Os homens e as mulheres acreditavam que os fenômenos da natureza eram o resultado direto da vontade de Deus".

Nesse período, tudo parecia acontecer sem a influência do ser humano, apenas e somente segundo a vontade de Deus – como as pestes ou a dizimação das plantações, o que gerava fome e pobreza. Assim, o ser humano passou a refletir sobre a sua existência.

A questão da veracidade do conteúdo sagrado oriundo de textos religiosos sempre foi um tema fundamental no desenvolvimento da reflexão cristã. Desde o princípio, existia a necessidade de articular o pensamento teológico na sociedade, conforme ocorreu nos primeiros séculos da patrística e, posteriormente, na escolástica, passando pelo Renascimento e pelo Iluminismo até chegar à modernidade. Nessa perspectiva, o principal teólogo da reforma protestante do século XVI, João Calvino, ao expor seu pensamento sobre a maneira como Deus se comunica com o homem pelas Escrituras, descreveu a teoria da acomodação, na perspectiva de que a Palavra de Deus foi dada aos profetas e apóstolos em acordo às situações vivenciadas por esses homens e a sua condição de entender o princípio que Deus lhes pretendia ensinar. Essa teoria esclarece que o entendimento das Escrituras não deve ser extraído de uma abordagem literal; é necessário haver a devida interpretação do texto, que valora tanto questões gramaticais como as situações históricas narradas. Nesse processo, o reformador incentivou o estudo da astronomia e da medicina no Ocidente, posto que tais disciplinas trariam melhor conhecimento acerca das obras de Deus na criação como um texto teológico, e jamais como texto científico (McGrath, 2005, p. 308-310).

Segundo Cairns (2008, p. 278), Calvino preocupava-se com a formulação de um sistema formal de teologia e Lutero enfatizava a pregação. Ambos aceitaram a autoridade da Bíblia, só que a ênfase maior de Lutero era a justificação pela fé, ao passo que Calvino focava na soberania de Deus. Lutero interpretava a consubstanciação como melhor teologia para a ceia do Senhor; Calvino negava a presença física de Cristo, aceitando apenas a presença espiritual, pela fé no coração dos participantes.

Na mesma época das abordagens iluministas criticadas por Schleiermacher, houve na Europa um outro movimento teológico, denominado *protestantismo liberal*, que assumiu a responsabilidade de responder às questões levantadas pelo Iluminismo e acabou sendo influenciado pelo intelectualismo racionalista do período. Esse movimento nasceu na Alemanha, vindo a desenvolver o princípio de que todo o pensamento teológico cristão, sua fé e suas crenças deveriam sofrer transformações para que todas as afirmações dogmáticas do cristianismo estivessem comprometidas com os pressupostos e os paradigmas do conhecimento, em acordo aos novos parâmetros da modernidade.

O Iluminismo se propunha a revisitar qualquer ensino e dogma religioso segundo os parâmetros da razão. Tornou-se um movimento gerador de grandes transformações sociais assim que se posicionou contra os ideais da monarquia francesa. As conquistas científicas progrediam no século XVIII, e o movimento continuava influenciando os intelectuais e cientistas com a ideia de que as leis naturais relacionadas aos seres humanos deveriam se submeter aos critérios da razão, o que fez surgir o pensamento de que a religião deveria existir separadamente do Estado e de que a liberdade de expressão deveria se tornar o valor principal da sociedade. O Iluminismo estava se tornando um grande movimento progressista por meio do qual os intelectuais entendiam que seria possível estabelecer normas gerais de direitos civis para todos os homens (Werner, 2017, p. 194).

Alguns personagens franceses foram essenciais para as mudanças políticas e sociais que aconteceram com Revolução Francesa e durante todo o século XIX na Europa e no Novo Mundo: François-Marie Arouet, Voltaire, que desenvolveu ideias de tolerância religiosa e liberdade de imprensa; Carlos de Secondat, o Barão de Montesquieu, que defendeu um governo compartilhado na sociedade com a divisão de poderes entre legislativo, executivo e judiciário; o filósofo Jean-Jacques Rousseau, que apresentou um modelo de governo civil que deveria gerenciar os direitos e os deveres sociais, além de afirmar que os governantes deveriam se tornar empregados do povo a fim de promover a liberdade e a justiça (González, 2011, p. 327).

As posturas e as reflexões oriundas do contexto histórico e do ambiente intelectual do Iluminismo denunciavam uma ordem social bastante injusta na Europa do século XVIII, vindo a se tornar uma proposição existencial que iria gerar grandes transformações a partir da Revolução Francesa, em 1789, conforme veremos a seguir.

5.2 República

A proclamação da primeira república francesa, em 21 de setembro de 1792, determinou o fim do sistema de governo absolutista e monárquico no país, tornando-se um fato histórico que impulsionou o surgimento de diversos governos republicanos na Europa nos séculos XIX e XX, os quais desenvolveram as propostas iluministas da igualdade social e de um governo equilibrado pela divisão de seus poderes entre legislativo, judiciário e executivo.

O termo *república* tem origem no latim *res publica* ("coisa pública"). É um sistema político de Estado organizado pelo consenso social que se constrói segundo a vontade do povo. Nela, elege-se um chefe de governo e os representantes da sociedade no congresso, além dos magistrados, que irão atuar na justiça. Atualmente, trata-se de um sistema de governo identificado pelo fato de que sua autoridade é oriunda da vontade do povo, diferentemente da monarquia, por exemplo, que tem as bases de seus direitos na hereditariedade familiar do rei.

A Revolução Francesa somente ocorreu porque houve um confronto entre a classe social dominante, a aristocracia, e a classe social ascendente desde os fins da Idade Média, a burguesia. Antes da revolução, a aristocracia dominante sobre o Estado era formada pelo clero e pela nobreza, que submetiam o resto da população, composto de burgueses e camponeses, a suas decisões. No entanto, ao mesmo tempo em que a monarquia se mantinha como um poder central dos territórios europeus ao mobilizar investimentos para a expansão das rotas marítimas e a organização das colônias comerciais, acabava fazendo com que a burguesia se fortalecesse na sociedade.

Eis a razão pela qual os movimentos modernos que transformaram o sistema de Estado absolutista monárquico em um Estado liberal progressista, e que foram implementados sob a liderança da classe burguesa segundo valores iluministas, foram intitulados historicamente de *revoluções burguesas*. O crescimento do comércio e o incremento de um sistema financeiro nas sociedades da Idade Moderna desencadearam tanto um enfraquecimento do poder da monarquia como um contínuo abandono do sistema do feudalismo em prol do mercantilismo e do artesanato burgueses.

A crise econômica francesa gerada pelas guerras nas quais era protagonista ou se envolvia, como a Revolução Americana, e o alto custo do estilo de vida da aristocracia se tornaram motivos para que a monarquia viesse a cobrar mais impostos sobre a produção agrícola dos camponeses. Isso veio dificultar o avanço do comércio da burguesia, que desejava implementar um sistema capitalista em substituição ao feudalismo. Foi nesse contexto histórico, social e econômico que o Rei Luís XVI convocou, em 1789, a **Assembleia dos Estados Gerais**. Os Estados Gerais eram uma espécie de parlamento constituído pelas três ordens sociais superiores da sociedade francesa: o clero, a nobreza e a burguesia.

Segundo González (2011, p. 395), a Assembleia dos Estados Gerais foi organizada pela monarquia e se iniciou em 4 de maio de 1789, em um formato que fortalecia a representatividade da burguesia, da qual o rei aguardava apoio para arrecadar impostos também do clero e da nobreza. Houve um grande impasse nas negociações, até que alguns membros da Igreja se uniram aos burgueses para declarar que a reunião seria uma **Assembleia Nacional** com poderes para redigir uma nova Constituição na França. Esses debates aconteciam em um período no qual a miséria crescia cada vez mais entre as classes populares, que acabaram se revoltando contra a monarquia em Paris e regiões próximas, até que, em 14 de julho de 1789, o povo assumiu o Castelo da Bastilha. Assim, o rei decidiu orientar que as três ordens realizassem uma **Assembleia Constituinte**, a qual promulgou a Declaração dos Direitos do Homem e do Cidadão, um documento símbolo dos valores do Estado Democrático. A declaração provocou a contrariedade do rei para com as decisões da assembleia, fato que fez o povo se revoltar definitivamente contra a família real, tornando-a prisioneira em Paris. Esse foi o ato fundamental da Revolução Francesa, que deu fim à monarquia para estabelecer a república em território francês.

Nesse período de grandes transformações sociais e políticas, a igreja cristã vivenciava situações diferentes conforme a região em que estava localizada e a doutrina que seguia, se católica ou protestante. Na França, a Igreja Católica sofreu uma forte oposição dos líderes iluministas, que afirmavam que o cristianismo se tornara um sistema de doutrinas ultrapassado, praticamente um símbolo do antigo sistema opressor. Já na Inglaterra anglicana e na Alemanha protestante, os pensamentos iluministas não foram tão radicais, vindo inclusive a contribuir com algumas reflexões religiosas até pelo fato de essas duas nações terem vivenciado alguns valores do movimento cristão pietista, que ressaltava a importância da experiência de fé como um aspecto fundamental da vida cristã. Esse foi um fator que acabou enfraquecendo a influência do racionalismo nessas duas nações (McGrath, 2005, p. 128).

> Na Grã-Bretanha, os irmãos John e Charles Wesley, ambos clérigos anglicanos, responderam à necessidade de mudanças na sociedade com uma mensagem de "santidade social" [...] Os evangelistas acreditavam no poder de transformação pessoal e social do cristianismo, sendo responsáveis por importantes movimentos, como a abolição do comércio de escravos, sindicatos e o programa de educação gratuita para os filhos de trabalhadores. Os seguidores de Wesley ficaram conhecidos como metodistas, pela maneira prática e metódica da religião se dedicar às necessidades dos outros. (Fortino, 2014, p. 239)

Segundo Cairns (2008, p. 371), o reavivamento metodista foi o terceiro despertamento religioso na Inglaterra:

> Depois da reforma do século XVI e o Puritanismo do século XVII. Ele está ligado ao nome de João Wesley (1703/1791), que dominou o cenário religioso do século. Os historiadores não têm dificuldade em reconhecer que o metodismo é, junto com a Revolução Francesa e a Revolução Industrial, um dos grandes fenômenos da história do século. Alguns acham até que a pregação de Wesley salvou a Inglaterra de uma revolução semelhante à da França.

O metodismo foi para o Anglicanismo o que o pietismo foi para o Luteranismo.

Os irmãos ingleses Charles e John Wesley iniciaram uma renovação da religiosidade cristã na Inglaterra em 1729, com a realização de reuniões devocionais de estudantes na Universidade de Oxford, como um movimento de simplicidade na busca por uma experiência religiosa mais autêntica, o que acabou redundando no movimento metodista. "O metodismo contribuiu, junto com o movimento evangélico (*Evangelicals*), para a renovação espiritual do anglicanismo, através dos fermentos de renascimento que deixou em seu interior" (Greco, 2008a, p. 82).

Segundo Cairns (2008, p. 372), os membros desse grupo foram apelidados de *metodistas* pelos estudantes por causa do seu estudo bíblico metódico, seus hábitos de oração e suas iniciativas frequentes de ação social nas prisões e entre os pobres. Ainda conforme Cairns (2008, p. 375),

> Charles Wesley (1707-1788) escreveu mais de seis mil hinos, entre os quais *Jesus Lover of my Soul* e *Hark the Herald Angels Sing* são universalmente conhecidos [...] o evangelho devia influenciar a sociedade, e ninguém pode negar o impacto do reavivamento metodista sobre a sociedade Inglesa. Ele se opôs ao álcool, à guerra e à escravidão.

O certo é que os valores do Iluminismo e as condições econômicas da burguesia, essenciais na Revolução Francesa, tornaram-se fatores estruturais e políticos importantes para as novas organizações liberais que vieram a se desenvolver na Europa e na América nos séculos XIX e XX. Em meio a esses acontecimentos, a sociedade da Idade Moderna passou por grandiosas mudanças originadas pela Revolução Industrial e pelas revoluções republicanas do século XIX.

5.3 Positivismo e século XIX

Desde o século XVIII, a sociedade europeia vinha experimentando grandes transformações com o Iluminismo e a Revolução Industrial, que já avançava na Inglaterra e que chegou ao restante do continente no século XIX. Houve, então, o surgimento histórico da chamada *sociedade modernista*, que apresentava uma realidade de convívio e organização sociais inteiramente novas por causa das influências e das consequências da industrialização e do capitalismo, juntamente com uma desintegração do convívio comunitário e o crescimento das injustiças sociais. Os pensadores da época voltaram sua atenção para as relações sociais utilizando os mesmos princípios de análise que orientaram as reflexões da chamada *Idade da Razão* iluminista, que investigava a realidade em busca de fatos que pudessem ser comprovados, conforme já acontecia na física e na astronomia. Nesse contexto, o homem que foi o precursor de uma disciplina específica para a ciência dos estudos da sociedade, a Sociologia, foi o francês Auguste Comte (1798-1857), que desenvolveu os argumentos da chamada *filosofia positivista*[1]. Essa linha defende a ideia de que qualquer conhecimento válido deve ser alcançado por meio de um questionamento científico (Simoni, 2015, p. 18).

O pensamento social de Comte se organizou sobre o contexto científico-filosófico de sua época. Enquanto a Revolução Francesa e a industrialização lhe forneciam um novo sistema social de análise, a razão iluminista e científica acabou se tornando a base de seu modelo de reflexão para as ciências humanas, que se dedicavam ao estudo dos fenômenos das relações sociais. O propósito

---

1 O nome *positivismo* tem sua origem no adjetivo *positivo*, que significa "certo", "seguro", "definitivo". Como escola filosófica, o positivismo derivou do cientificismo, isto é, da crença no poder dominante e absoluto da razão humana em compreender a realidade e demonstrá-la sob a forma de leis que iriam regular a vida do homem, da natureza e do mundo (Costa, 2005, p. 72).

do pensador francês era de que essa nova "ciência da sociedade" pudesse identificar as leis próprias da vivência comum dos homens, trazendo um entendimento acerca da maneira como ocorrem os processos sociais, a fim de que fosse possível prever e tratar os possíveis males sociais que sobreviriam no futuro. Era necessário que essa nova ciência fosse capaz de esclarecer os movimentos das dinâmicas sociais e definir a melhor maneira de realizar transformações na sociedade.

Os intelectuais se preocupavam em propor análises acerca dos ganhos e das perdas oriundos das mudanças políticas e sociais surgidas no contexto das repúblicas e da industrialização; já a Igreja, na Europa, se debatia tanto com a realidade dos novos Estados organizados, que eram críticos da religião, como com a necessidade de oferecer respostas teológicas aos grandes avanços racionais e filosóficos do século XIX. Ao mesmo tempo em que os teólogos se dedicavam a esclarecer e organizar doutrinas mais científicas e históricas para o cristianismo, o povo cristão, católico e protestante, buscava nas experiências simples de fé praticar uma religiosidade mais pessoal, envolta em emoções e sentimentos, que auxiliavam na conversão e na renovação de sua caminhada sagrada diante de Deus. Em meio às mazelas sociais oriundas de um excepcional crescimento populacional urbano e de um capitalismo industrial vigoroso, as igrejas se distanciaram dos mais pobres, conforme ocorreu em algumas regiões da Alemanha protestante, e, por outro lado, buscaram se aproximar das camadas mais populares. Isso se deu pela organização de ordens e missões orientadas por valores caridosos e ações sociais, como o Exército da Salvação, na Grã-Bretanha; as Irmãs de Caridade e a Sociedade São Vicente de Paulo, na França; a Missão Interior de Johann Wichern, na Alemanha (Chadwick; Evans, 2007, p. 143).

O século XIX pode ser considerado um século de transição para as reflexões do cristianismo, posto que as mudanças tecnológicas, políticas, científicas, econômicas e suas consequentes transformações sociais acabaram propiciando à Igreja o surgimento de uma realidade religiosa e institucional que requeria uma constante adequação às novas situações desse período da história. Posteriormente, vamos refletir sobre esse aspecto.

Enquanto isso, as Ciências da Religião também se organizavam como uma disciplina dedicada ao estudo das relações existentes entre os fenômenos religiosos e a sociedade, algo sedimentado a partir de 1824, assim que Comte desenvolveu o seu curso de filosofia positiva.

A sociologia, como um estudo mais abrangente da sociedade em todas as suas vertentes, veio a se fortalecer já ao final do século XIX, com os estudos de Émile Durkheim, que buscou estruturá-la como um organismo humano, em que cada órgão teria uma função própria e definida. Porém, essa compreensão mais científica acerca do estudo da sociedade veio a ser criticada por outros sociólogos, como Karl Marx (1818-1863) e Max Weber (1864-1920), os quais entendiam que o capitalismo e a industrialização eram os mecanismos fundamentais da mudança social na Idade Moderna. Weber se dedicou ao estudo interpretativo dos fenômenos sociais, enfatizando as influências da mecanização da vida secular do indivíduo. A partir do século XX, "a sociologia viria a se desenvolver cada vez menos como uma disciplina científica, tornando-se uma área da pesquisa voltada para as sensações do indivíduo e para a compreensão da maneira como as instituições atuam sobre a vida das pessoas" (Simoni, 2015, p. 19).

São inúmeras as causas da reforma da mensagem e da atuação da Igreja, e o fator político pode ser considerado uma das causas indiretas para que esse movimento se concretizasse no nascimento da Era Moderna (1453-1789). Segundo Cairns (2008, p. 255), as mudanças na estrutura social aumentaram a decepção das pessoas com a Igreja Romana. O surgimento das cidades e de uma próspera classe média urbana criou um espírito novo de individualismo. A nova economia do dinheiro libertou os homens da dependência do solo como principal meio de vida. Os membros da classe média não eram tão dóceis como haviam sido seus antecessores feudais, e mesmo os artesões das cidades e os lavradores começaram a entender que nem tudo estava bem numa ordem social em que eram oprimidos por uma maioria.

O ser humano passou a compreender melhor sobre a sua existência e a insatisfação social ocasionou as mudanças historicamente estudadas. Nesse sentido, o fato social foi fundamental nas mudanças ocorridas nos países europeus, assim como a reforma religiosa.

5.4 Pentecostalismo e igrejas evangélicas do século XX

Os movimentos cristãos de avivamento espiritual surgidos no início do século XX vieram a estabelecer diversas denominações cristãs que alcançaram, nas décadas seguintes, um grande número de adeptos para a religião.

> No século XX, um dos acontecimentos mais importantes para o cristianismo foi o surgimento de grupos carismáticos e pentecostais, os quais afirmam que o cristianismo moderno pode redescobrir e tomar posse do poder do Espírito Santo, descrito no Novo Testamento, em especial no livro dos Atos dos Apóstolos. (McGrath, 2005, p. 161)

No início do século XX, algumas das piores consequências iniciais da Revolução Industrial atuavam sobre a sociedade ocidental, especialmente as que tornavam o homem apenas mais um elemento da "engrenagem social". Isso também aumentava a distância entre os cidadãos das classes mais pobres e ricas. Foi um período em que as igrejas cristãs históricas tanto acolhiam mais facilmente as classes mais intelectualizadas como também acabavam desenvolvendo somente temas relacionados à prosperidade material e aos estudos doutrinários tradicionais (Curtis; Lang; Petersen, 2003, p. 202). Em meio a esse contexto, o movimento evangélico pentecostal teve como marco de seu início histórico as celebrações orientadas em Los Angeles no princípio do século XX, sob a liderança de Charles Fox Parham.

A sociedade estadunidense havia tido importantes experiências de avivamento espiritual cristão no decorrer do século XIX, com Charles G. Finney em 1830 e Dwight L. Moody a partir de 1855, o que gerou um grande número de conversões entre a população. No entanto, parecia existir uma carência relacionada à vivência de experiências espirituais no cristianismo.

Ainda que o movimento carismático tivesse raízes na herança anterior da religião cristã, o fato reconhecido como a origem histórica do pentecostalismo está relacionado à liderança religiosa de Charles Parham, que em 1901 destacou os elementos doutrinários que se tornariam as práticas espirituais fundamentais dos pentecostais, como o dom de línguas e o batismo do Espírito Santo. Nas palavras desse autor,

> essas ideias foram desenvolvidas e consolidadas por Joseph William Seymour (1870-1922), um pastor negro que esteve à frente de um grande avivamento carismático, ocorrido na Azuza Street Mission, localizada no centro de Los Angeles, durante o período de 1906-1908. Grande parte dos grandes grupos pentecostais estadunidenses, como as Assembleias de Deus, traçam sua origem a esse período. (McGrath, 2005, p. 162)

Um outro movimento importante e historicamente relacionado ao desenvolvimento do pentecostalismo é o movimento evangelical, de origem europeia e que, após passar pelos Estados

Unidos da América, chegou ao Brasil no decorrer do século XX. Seu propósito era unificar as diversas ramificações protestantes com base em alguns princípios doutrinários essenciais do cristianismo, tanto para se fortalecer em suas atividades como para se posicionar diante da expansão católica. Houve a organização de uma espécie de frente unida protestante para desenvolver uma grande era missionária, com um programa de atividades que se prolongou até o início da Primeira Guerra.

Essas duas ocorrências históricas e religiosas deram o tom do desenvolvimento do movimento pentecostal e do surgimento das igrejas evangélicas no século XX. No Brasil, todos os cristãos que não professavam a fé católica começaram a se identificar como evangélicos, vindo a ocorrer o mesmo com as denominações que acabaram assumindo esse título tanto em nosso país como pelo mundo afora.

Nesse contexto, é possível formular um quadro das denominações protestantes que se desenvolveram no Brasil no decorrer do século passado, com suas origens em três grupos distintos:

- grupos de origem migratória, que vieram atender inicialmente os migrantes ingleses e alemães, como os ramos protestantes das igrejas Anglicana e Luterana;
- grupos de origem missionária, como os das igrejas Presbiteriana, Congregacional, Reformada Holandesa, Batista e Menonita;
- grupos de origem pentecostal, tanto os clássicos (Assembleia de Deus, Congregação Cristã no Brasil, Igreja do Evangelho Quadrangular e Igreja O Brasil para Cristo) como aqueles mais relacionados à cura divina (Igreja Deus é Amor) (Mendonça, 2002, p. 18).

O pesquisador religioso C. Peter Wagner (citado por McGrath, 2005) desenvolveu um estudo acerca dos movimentos carismáticos e pentecostais originados e desenvolvidos no cristianismo durante o século XX, vindo a destacar três ondas do movimento:

> A primeira delas foi o pentecostalismo clássico, que surgiu no início da década de 1900 [...] a segunda onda ocorreu nas décadas de 1960 e 1970 e esteve ligada às denominações de maior influência, inclusive ao catolicismo romano [...] a terceira onda [...] põe seu foco na questão dos sinais e prodígios. (McGrath, 2005, p. 161)

Nessa perspectiva, citamos dados do Instituto Brasileiro de Geografia e Estatística (IBGE), que apontam que 22,2 % dos brasileiros professavam a fé evangélica no ano de 2010, com mais de 42 milhões de praticantes nas suas mais diversas denominações, em um crescimento que permanece constante durante a segunda década do século XXI. Portanto, qualquer política pública e educacional e qualquer pesquisa científica que tenha por objeto a população brasileira deve estar atualizada sobre o desenvolvimento da religião do cristianismo em nosso país, segundo as realidades da vertente protestante.

5.5 Movimento cristão ecumênico do século XX

Ecumenismo é a busca de unidade entre todas as igrejas cristãs, em um processo de entendimento que reconhece e respeita a diversidade entre as igrejas. "Os fiéis compartilham um mesmo Senhor, uma mesma fé e um mesmo batismo, mas para eles foi muito difícil permanecer unidos, e suas dissensões enfraqueceram profundamente o testemunho cristão no mundo" (Chadwick; Evans, 2007, p. 222).

Conforme Cairns (2008), as reuniões e conferências missionárias internacionais iniciadas em 1854 auxiliaram na proposição da organização futura do Conselho Mundial das Igrejas. Na história do cristianismo, os fatos marcantes dessa religião foram as cisões: o grande cisma histórico do cristianismo, que separou a igreja ocidental romana da igreja oriental ortodoxa, em 1054; a divisão da igreja ocidental, que redundou na reforma protestante, em 1517; as disputas doutrinárias e eclesiais que ocasionaram o surgimento de incontáveis denominações e grupos cristãos no decorrer dos séculos XIX e XX.

São divisões que se tornaram importantes a partir de meados do século XIX e no século passado, assim que as lideranças e os missionários cristãos se dedicaram a atuar com as nações asiáticas e africanas. A falta de unidade, tanto de mensagem como de projetos, se tornava um aspecto negativo e revelador das divisões internas da igreja cristã. As origens das divisões fundamentais do cristianismo estão em quatro aspectos doutrinário-históricos:

1. o aspecto das igrejas pré-calcedonianas, como a armênia, a síria ortodoxa e a copta egípcia, que não se submeteram ao Concílio de Calcedônia;
2. o cisma entre as igrejas romana ocidental e ortodoxa oriental;
3. a divisão ocasionada pela reforma protestante;
4. as denominações contrárias ao tradicionalismo protestante, como as igrejas batistas (batismo por imersão) e os pentecostais (dons do Espírito Santo) (Chadwick; Evans, 2007, p. 222).

Em meio a esse contexto e na busca por um sentido de unidade religiosa, em 1937, lideranças cristãs reunidas na Conferência

Missionária Protestante Internacional, em Edimburgo, com destaque para o Movimento de Vida e Trabalho, que se reuniu para debater a relação do cristianismo com a sociedade, e o Movimento de Fé e Ordem, que promoveu encontros para definir elementos de unidade doutrinal entre as igrejas cristãs, forma importante para o processo ecumênico. Conforme Cairns (2008, p. 499),

> os participantes estavam cônscios de sua unidade em uma igreja sob a liderança de Cristo e insistiram na realização de outro encontro. Essa reunião, que também tratou de fé e ordem [...] a ideia de unidade na diversidade parece ter sido proeminente na mente dos líderes à medida que discutiam a fé comum, os sacramentos e a natureza da igreja.

Esse grande número de esforços ecumênicos redundou na criação do Conselho Mundial das Igrejas, em 1948, com sede em Genebra, Suíça, que tinha como primeiro-secretário o teólogo holandês W. A. Viser 't Hooft. As igrejas que desejavam participar deveriam manifestar seu compromisso com as doutrinas da divindade de Cristo e da Trindade. Essa organização "preocupou-se não apenas com promover a compreensão teológica, mas também com questões sociais e políticas: paz e controle de armamentos, racismo [...], liberdade religiosa e ajuda aos refugiados e aos oprimidos pela injustiça" (Chadwick; Evans, 2007, p. 222-223).

Esse processo histórico avançou pelas decisões da Igreja Católica Romana, que se reuniu no Concílio Vaticano II, em 1962, sob a liderança do Papa João XXIII, para debater a atualização da Igreja em meio a um contexto de crescimento do ateísmo e do materialismo na sociedade. Entre as inúmeras decisões do colegiado, algumas foram de encontro aos desejos do movimento ecumênico do século: primeiro, a afirmação de que as Escrituras eram a base da verdade divina, e não a tradição; segundo, a decisão por chamar de *irmãos* os membros de outras denominações cristãs, com a orientação de que estes não precisariam "retornar a Roma" para serem assim considerados (Curtis; Lang; Petersen, 2003, p. 228).

Alguns dos desdobramentos das decisões do concílio católico nos anos seguintes revelam a importância do ecumenismo cristão no século XX, com destaque para os seguintes acontecimentos:

- Entre os anos de 1964 e 1965, o Papa Paulo VI liderou proposições no sentido de tornar a ideia da unidade cristã um projeto para toda a Igreja. Uniu-se ao Patriarca Atenágoras de Constantinopla (Igreja Ortodoxa) para juntos determinarem o fim dos atos de excomunhão dados no século XVI.
- Houve uma aproximação das igrejas históricas protestantes com a liderança católica, vindo a participar, em 1983, da Assembleia do Conselho Ecumênico das Igrejas.
- Nas últimas décadas do século anterior, houve um fortalecimento das atividades da Secretaria para a Unidade dos Cristãos, um órgão interno da igreja romana (Greco, 2008a, p. 157).

Com esses movimentos ocorridos nos primeiros anos após a segunda grande guerra e inúmeras outras atividades e conferências realizadas nas últimas décadas do século XX, o movimento ecumênico do cristianismo teve bom crescimento, vindo a alcançar a participação de diversas denominações e importantes lideranças contemporâneas da religião. Por isso, é possível afirmar que o século XXI tem sido marcado por um respeito e uma consideração mútuos bastante significativos entre as diferentes vertentes religiosas cristãs, ao mesmo tempo em que o diálogo inter-religioso e as ações sociais conjuntas continuam ocorrendo no decorrer dos anos.

5.6 Cristianismo e mundo contemporâneo

O século XX e o início do século XXI colocaram as religiões diante de transformações profundas na sociedade acerca do pensamento existencial e do desenvolvimento religioso, o que precisou do entendimento de como as doutrinas distintas das diferentes religiões seriam expostas em um ambiente cultural cada vez mais globalizado da denominada *pós-modernidade*.

Esforços da maioria dos membros e dos líderes da Igreja, na sua diversidade, buscaram, em encontros, seminários e congressos, encorajar atitudes de mudança na promoção dos valores morais e culturais e na adesão à maior liberdade religiosa.

Conforme Cairns (2008, p. 523), o concílio, que se reuniu de 1962 a 1965, em quatro sessões outonais, tinha o propósito, de acordo com o Papa João XXIII,

> de promover o *aggiornamento*, ou a renovação, ou a atualização da Igreja. Ele disse que queria que o Vaticano II fosse mais pastoral do que teológico ou administrativo [...] a afirmação de João XXIII de que o conteúdo ou a essência das doutrinas não deveria mudar, mas de que novas formas devem ser achadas, pode muito bem abrir o caminho para mudanças doutrinárias.

Evangélicos de todos os tipos, ou seja, na diversidade cultural e religiosa, assim como os católicos, podem se unir em torno da teologia básica e de valores éticos na sociedade contemporânea, assim como outras áreas de conhecimento, como a filosofia, a sociologia e a história. A fé religiosa e o desenvolvimento do caráter à sabedoria e ao conhecimento criam a possibilidades de estudos e pesquisas na busca da excelência acadêmica, mas também no equilíbrio entre as instituições religiosas, das quais de certa forma, todos nós fazemos parte.

O cristianismo ainda é o maior grupo religioso do mundo. Trata-se de uma religião universal e global, com um ecumenismo fundamentado na unidade espiritual, que contribui para o desenvolvimento do ser humano com o equilíbrio do senso crítico e a prática ministerial que está presente no rádio, na TV, no YouTube, nas igrejas e nas praças, junto com a urbanização evangelista, que permeia todas as cidades brasileiras.

5.6.1 O cristianismo e as religiões da humanidade

O teólogo protestante Dietrich Bonhoeffer foi preso e executado pelo regime nazista em 1945, após ter levantado severas críticas ao governo alemão e ao modo como boa parte da Igreja se relacionava com essa ideologia. Nesse tempo, o pensador cristão escreveu a obra *Cartas e ensaios da prisão*, desenvolvendo o tema da importância da religião para a fé cristã. Elaborou ideias que defendiam a propagação de um "cristianismo sem religião", pois entendia que fundamentar o valor e o desenvolvimento da fé em formas religiosas baseadas na percepção de que os seres humanos são naturalmente religiosos era um grave engano. O contexto social da humanidade em meio à Segunda Guerra Mundial revelava que a ideia de Deus não era natural para os homens e, assim, a essência do conhecimento da religião deveria surgir de uma autorrevelação dada por Deus, algo que, no caso do cristianismo, estava em Cristo. Segundo esse entendimento, Bonhoeffer afirmou que a fé não iria sobreviver se sua origem estivesse embasada na cultura ou na religião natural.

Sob outra perspectiva, e na observação da maneira como o cristianismo entende a realidade das outras religiões existentes no mundo, é possível identificar, neste século XXI, que há três posicionamentos acerca do modo como a Igreja e os fiéis devem agir perante a pluralidade de crenças:

1. **Particularismo**: Afirma que a salvação religiosa é uma prerrogativa somente dos seres humanos que irão ouvir e crer no Evangelho de Jesus.
2. **Inclusivismo**: Declara ser o cristianismo a palavra oficial de Deus para a humanidade, porém sem negar que haja algum tipo de salvação nas outras religiões.
3. **Pluralismo**: Entende que todas as religiões existentes no mundo são propostas espirituais válidas no conhecimento da verdade religiosa (McGrath, 2005, p. 610-620).

5.6.2 O cristianismo e a pós-modernidade

Agora, vamos refletir sobre a pós-modernidade e suas relações com a religião e a sociedade, já que as mudanças e as transformações do novo século requerem que os pesquisadores estejam atentos às novas formas de reflexão e de conhecimento da realidade.

A pós-modernidade é um movimento que surgiu na década de 1950 para se contrapor ao modernismo nas artes, vindo a assumir, no decorrer dos anos, uma posição de contrariedade à cultura moderna de forma geral. O próprio nome do movimento ressalta o seu objetivo de promover uma superação da narrativa modernista, que prometia trazer prosperidade à humanidade pela utilização de um conhecimento baseado somente na ciência e na razão (Goheen; Bartholomew, 2016, p. 165).

Faz-se importante destacar que a pós-modernidade é um conceito bastante amplo, pois cada área do conhecimento humano – por exemplo, artes, filosofia, sociologia, psicologia, arquitetura etc. – desenvolve o seu próprio entendimento sobre esse movimento. Portanto, a nossa compreensão precisa ser abrangente a fim de alcançarmos um bom entendimento dessa postura cultural que tem influenciado a sociedade nas últimas décadas. Conforme destacamos, pode-se dizer que a pós-modernidade desenvolve pensamentos distintos do pensamento moderno, vindo a negar as proposições modernistas de que, por meio da razão, é possível se adquirir um conhecimento confiável da realidade da existência. No tocante à religião, a pós-modernidade entende que os sistemas institucionais deixaram de ser um princípio essencial na formação da vida individual e social das pessoas.

Um aspecto importante dos fundamentos da pós-modernidade advém de sua decisão de não utilizar nem reconhecer a validade das narrativas absolutas e universais para explicar e orientar a existência e a história. Essa postura de enfrentamento aos princípios modernos, que acaba intitulando o próprio movimento, como uma proposição que vem depois e além da modernidade, surge de maneira bastante clara assim que elencamos alguns dos elementos de ambos os movimentos: a modernidade se propõe a desenvolver os princípios do propósito e do planejamento, enquanto a pós-modernidade se apoia na diversão e na casualidade, com uma distinção que surge quanto aos valores modernos da hierarquia e da centralização em oposição a uma certa anarquia e dispersão, observáveis de forma mais comum na pós-modernidade. Portanto, assim como o modernismo se interessa pela análise e pela organização, o pós-modernismo valoriza uma certa liberalidade para com as questões da vida, tornando-se um princípio geral para uma vivência pautada no relativismo e no pluralismo, em grande contraste aos princípios absolutos da modernidade, que busca manter os seus valores relacionados às metanarrativas[2] (McGrath, 2005, p. 141).

---

2 *Metanarrativas* são grandes histórias ou narrativas abrangentes que visam explicar de modo completo e absoluto todos os acontecimentos e todas as perspectivas da história da humanidade. A narrativa básica da modernidade orienta que a razão e a ciência são capazes de explicar e ordenar a realidade por meio de modelos universais que devem reger o desenvolvimento da civilização humana.

Assim, vamos perceber como alguns dos valores pós-modernos estão bastante relacionados à intensa comunicação das redes sociais, que têm sido um fato cultural essencial na promoção dos relacionamentos humanos, tornando tudo mais rápido e efêmero. Um outro elemento que expõe o pensamento pós-moderno surge da grande valorização que se dá ao consumo, como se este fora uma conquista existencial para o indivíduo, o que acaba transformando a própria cultura em um elemento descartável, pois tudo precisa ser apreciado de forma imediata, a fim de suprir as necessidades mais momentâneas.

Uma outra consequência oriunda do desprezo às narrativas modernas e da valorização das experiências pessoais se expressa na maneira como o mundo contemporâneo deixou de ser uma estrutura social orientada para a busca de um propósito unificado, posto que a sociedade pós-moderna já não se constrói com valores universais. Há outros elementos que sustentam o modo como a civilização humana se organiza, pois a pós-modernidade se desenvolve por meio de uma postura subjetiva sobre como percebemos a realidade, valorando o multiculturalismo e buscando extrair da pluralidade das vivências pessoais e dos pequenos grupos as suas experiências de conhecimento. Ou seja, o conhecimento para o aprendizado da vida já não é mais uma verdade absoluta que adquirimos da cultura, e sim uma compreensão que se constrói com base na situação que vivenciamos no tempo presente.

Para uma melhor compreensão do significado da pós-modernidade como um movimento que deseja alcançar conhecimento e definir valores segundo a realidade, vamos relatar, de forma breve, algumas importantes transformações culturais ocorridas na história.

- Na Idade Média, o conhecimento padrão acerca da existência era ditado pelas doutrinas da Igreja e por seus representantes na sociedade. A chegada da Renascença oportunizou uma grande transformação cultural, em que o conhecimento se tornou um conteúdo que poderia ser buscado por qualquer indivíduo, segundo os ditames da razão, e a própria religião se tornou objeto das reflexões racionalistas que norteavam o pensamento da época.

- A consolidação da Idade Moderna chegou com o Iluminismo, que veio propagar os valores da razão e da ciência como superiores a quaisquer outras formas de conhecimento, e tanto a religião como a monarquia vieram a ser confrontadas na sua condição de autoridades sociais supremas. O conhecimento científico e a industrialização do Ocidente apontavam para um período de progresso contínuo que iria solucionar todas as questões fundamentais da civilização.
- O século XX acabou dominado por duas guerras mundiais, além de ter sido marcado pelo avanço da miséria e da opressão política no mundo, o que levantou dúvidas acerca da credibilidade da narrativa moderna, que apregoava a condução da humanidade para um tempo de prosperidade.

Eis, portanto, o contexto histórico e cultural do surgimento da pós-modernidade no final do século XX, um movimento que pretende questionar as certezas dos princípios e dos valores conceituais da modernidade.

Logo, o movimento pós-moderno entende que o conhecimento e a verdade acerca da realidade já não se encontram nos processos e nas dinâmicas da ciência ou da religião, mas sim nos relacionamentos e nas experiências da vida, pois estes oferecem as verdadeiras histórias que merecem ser contadas, já que carregam os valores individuais e as experiências reais dos pequenos grupos que as vivenciam. Esse conteúdo existencial é aquele que deve ser utilizado pelas pessoas para construir narrativas oriundas

das suas próprias vivências, que são as que têm valor na presente época da história.

No tocante às religiões, há um aspecto entre tantos que pode nos ajudar a entender como a pós-modernidade tem influenciado a religiosidade e, particularmente, o cristianismo e o islamismo. Trata-se do princípio do relativismo[3].

A compreensão da maneira como o relativismo tem se desenvolvido na sociedade requer o entendimento inicial de que o grande rompimento da pós-modernidade com a modernidade é mais intelectual do que histórico, pois as duas formas de pensamento ainda coexistem nas primeiras décadas do novo milênio. Portanto, vivenciamos diariamente um confronto cultural que posiciona, de um lado, o princípio moderno das narrativas universais e, de outro, o valor das vivências mais particulares e subjetivas da pós-modernidade. Essa constante contraposição acaba gerando uma sensação de desorientação na sociedade. Conforme ficamos sem valores universais e objetivos comuns para propor aos seres humanos, também começamos a experimentar um vazio e uma perda de propósitos para a própria realidade da existência humana (Edwards Jr., 2013, p. 9).

Nesse contexto e à luz das ciências da religião, vamos analisar brevemente como o princípio do relativismo pós-moderno tem influenciado o modo como as religiões cristã e islâmica têm se posicionado no novo milênio. É uma reflexão bastante objetiva: as três maiores religiões do mundo (cristã, islâmica e judaica) carregam determinadas verdades absolutas pelas quais procuram ensinar aos seus adeptos o que eles devem acatar e obedecer a fim de que sua existência se desenvolva de maneira saudável e satisfatória neste mundo e nos céus.

---

3   O relativismo é uma teoria que defende que a base para os julgamentos sobre conhecimento, cultura ou ética difere de acordo com as pessoas, os eventos e as situações.

Logo, a possível desorientação e a amplitude de possibilidades que o relativismo tem trazido à sociedade no século XXI também se tornam fatos sociais que oportunizam um ambiente cultural favorável para a atuação das religiões cristã e islâmica. Primeiro, essas religiões começam a perceber a possibilidade de que boa parcela da sociedade está em busca de conceitos absolutos para si, os quais têm sido tirados pelos valores pós-modernos. Segundo, o cristianismo e o islamismo serão motivados pelas oportunidades e provocados pelas necessidades a propagar exatamente os seus princípios de fé mais tradicionais, pois são exatamente estes que a sociedade atual deseja receber das religiões espirituais e das filosofias existenciais.

Essa breve compreensão do fenômeno cultural da pós-modernidade e sua relação com a religião demonstra tanto a riqueza como o valor dos estudos promovidos pelas Ciências da Religião, pois essa disciplina tem o propósito de auxiliar nas reflexões acerca do modo como a religiosidade concorre para o desenvolvimento da sociedade e para o progresso existencial dos seres humanos.

Síntese

Neste quinto capítulo, vimos que a publicação da obra *Enciclopédia* se tornou um dos marcos do Iluminismo, na orientação de que fosse utilizado somente o raciocínio lógico na elaboração de seus textos. O pensamento iluminista buscou questionar e criticar as doutrinas da igreja cristã, enquanto o cristianismo buscou dar respostas com formulações mais racionais, por meio de um movimento que ficou conhecido como *protestantismo liberal*.

A Revolução Francesa, de 1789, e o início da república, em 1792, determinaram o fim do governo monárquico na França, o que influenciou transformações políticas em diversos Estados europeus nos séculos seguintes, os quais buscaram organizar sistemas de governo baseados na igualdade social e segundo uma divisão de poderes entre legislativo, executivo e judiciário.

Nesse contexto, as ciências da religião tiveram em Auguste Comte e seu programa de filosofia positivista (1824) um dos principais precursores históricos no desenvolvimento de ideias que defendiam a validade do conhecimento adquirido por meio de questionamentos científicos. O principal objetivo do intelectual francês era organizar uma espécie de "ciência da sociedade", baseada na percepção e na explicação das dinâmicas sociais dos homens.

Mais adiante, abordamos o surgimento e a evolução do pentecostalismo no século XX, que, como vimos, após se originar em solo estadunidense, avançou pelas Américas. Também tratamos do ecumenismo, movimento que busca unidade entre as mais diversas igrejas e denominações cristãs, e da pós-modernidade, movimento cultural que tem se propagado nas últimas décadas e que defende perspectivas e reflexões críticas aos paradigmas existenciais absolutos e universais oriundos da modernidade.

No tocante às religiões, vimos que o princípio do relativismo tem trazido certa desorientação à sociedade contemporânea, e esse é um fator que acaba se tornando uma oportunidade para as religiões mais universais, como judaísmo, cristianismo e islamismo, posto que oferecem propostas mais absolutas às dúvidas existenciais oriundas da subjetividade pós-moderna.

INDICAÇÕES CULTURAIS

CARRÉ, D. **Cristianismo e pós-modernidade**. Porto Alegre: Fi, 2016.

Nessa obra, o autor analisa o cristianismo à luz dos pensamentos e valores pós-modernos, buscando refletir qual o lugar da religião no presente contexto cultural da humanidade e de que forma as narrativas cristãs universais podem oferecer respostas a um mundo bastante secularizado. A obra segue o pensamento de dois intelectuais a fim de buscar uma compreensão e uma resposta para as situações descritas: o filósofo contemporâneo Gianni Vattimo, em suas reflexões acerca da morte de Deus e do crescimento de uma cultura em que o divino se tornou insignificante (sociedade secularizada); e o Sacerdote Joaquim de Fiore, do século XII. O autor busca refletir de que maneira o cristianismo e seu pensamento religioso poderiam atuar em uma cultura que rejeita os paradigmas iluministas e partilha de uma sociedade que existencialmente se desenvolve distante da ideia de Deus. Seria o momento de aproveitar esse vazio e buscar no diálogo inter-religioso e na educação para o respeito e a tolerância um projeto religioso eficaz para o novo século?

JORNADA pela liberdade. Direção: Michael Apted. EUA/Reino Unido, 2008. 118 min.

Esse drama histórico baseado em fatos reais apresenta as atividades políticas do cristão William Wilberforce no Parlamento inglês ao final do século XVIII. Wilberforce foi, durante mais de uma década, um fervoroso ativista que buscava promulgar leis abolicionistas contra o comércio de escravos. O filme tem uma boa produção e desenvolve de forma coerente e realista o contexto histórico desse período, revelando os embates de valores que o movimento apregoava na Europa, além de destacar os conflitos econômicos que as mudanças sociais poderiam trazer ao comércio e à política da época.

Atividades de autoavaliação

1. Em relação ao Iluminismo e às influências no cristianismo, assinale V para as assertivas verdadeiras e F para as falsas.

[ ] O Iluminismo foi um movimento cultural abrangente da Idade Moderna do século XVIII, entre os anos 1720 e 1780. Seu princípio orientava que a razão deveria ser utilizada de forma livre e progressista pelo homem para que a humanidade pudesse superar as concepções de mundo medievais.

[ ] O filósofo francês Denis Diderot publicou, em 1751, o primeiro dos 17 volumes da obra fundamental iluminista *Enciclopédia*, organizada em três grandes temas: os assuntos históricos; a razão e a filosofia; a poesia e a imaginação.

[ ] O Iluminismo questionava os fundamentos da religião com base em conceitos do cartesianismo e do deísmo. Nesse sentido, o cristianismo continuou sendo apoiado por esse movimento, assim como havia acontecido nos períodos da Renascença e do racionalismo, em que se acreditava na existência de Deus e nos valores cristãos.

[ ] O teólogo Schleiermacher refletiu sobre a natureza da religião e afirmou que os conhecimentos da ciência e da fé eram complementares, e não contrários. Em um contexto cultural no qual os textos bíblicos eram estudados somente nos aspectos históricos, Schleiermacher ajudou a resguardar a Bíblia como documento sagrado, pois nela havia registros do valor da experiência religiosa para os homens.

[ ] Acerca da veracidade do conteúdo de textos religiosos, o teólogo João Calvino descreveu a teoria da acomodação como um modelo de ensino que buscava adequar seu conteúdo a modelos de comunicação que promovessem bom entendimento da verdade religiosa aos homens.

Agora, marque a alternativa que contém a sequência correta:

A] V, V, V, F, V.
B] V, V, F, F, V.
C] V, V, F, V, V.
D] V, F, V, V, V.
E] V, F, V, F, V.

2. Em relação ao surgimento da república e ao movimento do positivismo, escolha a alternativa correta:
   A] A proclamação da primeira república francesa, em 1792, determinou o fim do sistema absolutista e monárquico

naquele país, tornando-se um fato histórico que impulsionou o surgimento de diversos governos republicanos na Ásia e na África durante o século XIX.

B] A Assembleia dos Estados Gerais foi organizada em 1789 pelo rei, que esperava apoio da burguesia para arrecadar impostos do clero e da nobreza. Um impasse gerou a oportunidade para a assembleia redigir uma nova constituição, que veio promulgar a Declaração dos Direitos do Homem e do Cidadão, e o rei decidiu apoiar totalmente essas decisões.

C] Na França, a Igreja Católica sofreu forte oposição dos líderes iluministas. Na Inglaterra anglicana e na Alemanha protestante, as reações não foram tão radicais, pelo fato de que essas duas nações tinham vivenciado alguns valores do movimento pietista, que ressaltava a importância da experiência de fé na religião.

D] O precursor de uma disciplina para a ciência dos estudos da sociedade, a Sociologia, foi o francês Auguste Comte, que desenvolveu os argumentos da chamada *filosofia positivista*, a qual defendia a ideia de que um conhecimento válido deve ser alcançado por meio de questionamentos religiosos e metafísicos.

E] O século XIX pode ser considerado de transição para o cristianismo, posto que as mudanças culturais mantinham o pensamento religioso como um conceito fundamental e valioso diante das novas situações surgidas nesse período da história.

3. Em relação ao movimento do pentecostalismo e ao surgimento das igrejas evangélicas, assinale V para as assertivas verdadeiras e F para as falsas.

[ ] O movimento carismático e pentecostal afirma que o cristianismo pode redescobrir e tomar posse do poder do Espírito Santo, descrito no Novo Testamento, no livro do Apocalipse, pelo evangelista João.

[ ] Ainda que o movimento carismático tivesse raízes na herança anterior da religião, o fato reconhecido como a origem histórica do pentecostalismo está relacionado à liderança de Charles Parham, que em 1901 destacou os elementos que se tornariam as práticas espirituais dos pentecostais, como o dom de línguas e o batismo do Espírito Santo.

[ ] O movimento evangelical europeu e norte-americano chegou ao Brasil no século XX, no propósito de unificar ramificações protestantes por meio de princípios básicos da fé. A identificação como *evangélico* era individual e significava o compromisso da pessoa com o respectivo conjunto de princípios doutrinários.

[ ] Havia três grupos distintos de protestantes que chegaram ao Brasil desde o século XIX: grupos de origem migratória, que vieram atender os migrantes ingleses e alemães das igrejas Anglicana e Luterana; grupos de origem missionária, das igrejas Presbiteriana, Congregacional, Reformada Holandesa, Batista e Menonita; grupos de origem pentecostal, como Assembleia de Deus, Congregação Cristã no Brasil, Igreja do Evangelho Quadrangular e Igreja O Brasil para Cristo.

[ ] O pesquisador Peter Wagner destacou a existência de três ondas no movimento pentecostal: o pentecostalismo clássico, surgido na década de 1900; os carismáticos, nas décadas de 1960 e 1970, ligados também ao catolicismo; e um terceiro grupo, focado na questão dos sinais e dos prodígios.

Agora, marque a alternativa que contém a sequência correta:

A] V, V, F, V, V.
B] V, V, F, V, F.
C] V, F, V, V, F.
D] F, V, F, V, V.
E] F, V, V, V, V.

4. Em relação ao movimento cristão ecumênico do século XX, marque a opção **incorreta**:

   A] Chadwick identifica as origens das divisões do cristianismo segundo quatro grupos: das igrejas pré-calcedonianas, como a armênia, a síria ortodoxa e a copta egípcia; do cisma entre as igrejas romana ocidental e ortodoxa oriental; da divisão ocasionada pela reforma protestante; das denominações contrárias ao tradicionalismo protestante, como as igrejas batistas e as pentecostais.

   B] A Conferência de Edimburgo orientou a realização de reuniões, com destaque para o Movimento de Vida e Trabalho, reunido em Estocolmo (1925) para debater a relação do cristianismo com a sociedade. O Movimento de Fé e Ordem (1927) promoveu encontros para definir elementos de unidade doutrinal entre as igrejas cristãs. Em 1937, esses grupos decidiram atuar em conjunto.

   C] O Conselho Mundial das Igrejas foi criado em Genebra em 1948. Seu compromisso relacionava-se às denominações das doutrinas da divindade de Cristo e da Trindade. Temas relacionados às questões sociais e políticas, à paz e ao controle de armamentos, ao racismo e à liberdade religiosa foram importantes no programa do conselho.

   D] Em 1962, o Papa João XXIII organizou o Concílio Vaticano II, que permitiu ao Papa Paulo VI liderar proposições a partir de 1964-1965 no objetivo de aproximar a Igreja Católica da Igreja Ortodoxa. Nesse sentido, líderes católicos participaram da Assembleia do Conselho Ecumênico das Igrejas, em 1983, a fim de se aproximar dos protestantes.

   E] Embora o século XX tenha sido marcado pela aproximação entre as igrejas cristãs, houve um distanciamento no século XXI das diversas vertentes religiosas, as quais buscam atuar de forma mais isolada para se afirmar no contexto pós-moderno.

5. Em relação ao cristianismo e ao mundo contemporâneo, assinale a alternativa correta:
   a] A pós-modernidade surgiu ao final do século XIX para se contrapor ao modernismo nas artes, vindo a assumir uma posição de contrariedade perante a cultura moderna. O próprio nome do movimento ressalta o objetivo de superação da narrativa modernista.
   b] A pós-modernidade é um conceito amplo, pois cada área do conhecimento desenvolve seu próprio entendimento do significado desse movimento, seja nas artes, na filosofia, na sociologia, na psicologia etc. A compreensão do termo precisa ser limitada e localizada para o bom entendimento da postura cultural, que tem influenciado poucas comunidades nas últimas décadas.
   c] Um aspecto importante da pós-modernidade advém da decisão de não utilizar nem reconhecer a validade das narrativas absolutas e universais para explicar e orientar a existência. Essa postura de enfrentamento aos princípios modernos surge assim que analisamos alguns dos elementos dos movimentos: a modernidade se propõe a desenvolver os princípios da casualidade e dispersão; já a pós-modernidade se apoia na hierarquia e na centralização.
   d] Segundo a pós-modernidade, o conhecimento do aprendizado da vida já não é mais uma verdade absoluta que adquirimos da cultura, e sim uma compreensão que se constrói com base na situação que vivenciamos no tempo presente.
   e] O século XIX foi marcado pela ocorrência de duas guerras mundiais, além do avanço da miséria e da opressão política, o que trouxe dúvidas acerca da credibilidade da narrativa moderna, que apregoava conduzir a humanidade para um tempo de prosperidade. Esse é o contexto histórico e cultural do surgimento da pós-modernidade.

Atividades de aprendizagem

Questões para reflexão

1. Os movimentos do racionalismo e do Iluminismo fizeram com que os pensadores cristãos refletissem e propusessem uma explicação adequada sobre as conexões entre religião e fé diante da ciência e da razão. Cite alguns movimentos cristãos surgidos pela influência do contexto cultural descrito.
2. Explique a citação: "O ceticismo é o primeiro passo em direção à verdade", de Denis Diderot (citado por Werner, 2017, p. 194).

Atividades aplicadas: prática

1. O teólogo protestante Dietrich Bonhoeffer elaborou ideias que defendem a propagação de um "cristianismo sem religião", pois entendia que formas religiosas baseadas na percepção de que os seres humanos são "naturalmente" religiosos era um grave engano. Nesse entendimento, afirmou que a fé não iria sobreviver se sua origem estivesse embasada na cultura ou na religião natural.

   Segundo essa declaração e a forma como as religiões influenciam e atuam nas sociedades, qual o valor do conteúdo sagrado e revelado das religiões no contexto do século XXI no seu entendimento?
2. Como você percebe a comunicação e a integração com a sociedade atual das chamadas *religiões com pensamentos metanarrativos*, como judaísmo, islamismo e cristianismo, em um período de crescimento da pós-modernidade e do valor do relativismo?

CRISTIANISMO E EDUCAÇÃO: DESENVOLVIMENTO HISTÓRICO, ENSINO RELIGIOSO E LEGISLAÇÃO BRASILEIRA

Em nosso último capítulo, iremos apresentar alguns fatos históricos que relacionam a aprendizagem religiosa do cristianismo aos processos de educação na civilização ocidental, além de desenvolver a perspectiva do ensino religioso no ambiente escolar brasileiro à luz da legislação e na observância da diversidade cultural de nosso país.

Vamos ampliar o debate de alguns elementos históricos cuja análise estabelece uma interação entre a educação e a religião, mobilizando campos científicos como ciências da educação, sociologia, didática, história, linguística, psicologia, filosofia e outras áreas de conhecimento. Nosso objetivo é construir um quadro interpretativo que envolve uma análise das relações da religião cristã com a área de educação, tanto na perspectiva histórica dessa interação na civilização ocidental como no desenvolvimento da atividade docente no universo escolar brasileiro.

Importa percebermos que a religiosidade brasileira apresenta uma forte prática cultural, e a fé, para muitos, é um alento existencial e um instrumento de identificação pessoal. No cotidiano e no enfrentamento dos fatos oriundos da diversidade religiosa, o que se requer é a compreensão de que todas as crenças têm importância cultural, social e política e somente serão corretamente valorizadas com a prática do respeito e da tolerância religiosa.

Inspirados no método dialético e na análise do real, nosso desejo é evidenciar e interpretar as expressões religiosas oriundas das manifestações de poder e discriminação que são estabelecidas por homens e mulheres na convivência do cotidiano, as quais podem ser locais, regionais ou globalizadas. Como um meio da realização do concreto com o real, o movimento dialético permite compreender que o mundo é sempre um resultado da práxis humana, posto que evidencia a realidade social por meio das condições de produção e da reprodução da existência social das pessoas, marcada também pela luta de classes. Nesse sentido, o método materialista histórico dialético constrói um processo válido de interpretação do real, muito além de apenas consolidar uma representação caótica do todo, na observação típica da vivência do cotidiano e na explicitação científica sobre a concepção da realidade como a totalidade do concreto humano-social: a dialética é o método do desenvolvimento e da explicitação dos fenômenos culturais que parte da atividade prática objetiva do homem histórico (Kosik, 1976, p. 39).

Nessa perspectiva, o cristianismo por si só não estabelece uma afinidade com a educação e não constitui um processo educativo, no entanto, os desígnios da educação laica sobre essa religião no ensino e na aprendizagem criam um parâmetro que conduz a outras áreas de conhecimento, como a filosofia, a sociologia e a história, entre outras.

Para o cristão, o Messias já veio e Ele é Jesus de Nazaré, que viveu na Palestina no século I da Era Cristã. Jesus é o Filho de Deus que veio ao mundo para remir toda a humanidade do merecido juízo divino, iniciado com o pecado de Adão desde o chamado *Jardim do Éden*. Para os cristãos, Jesus foi morto pelos pecados da humanidade, porém ressuscitou ao terceiro dia como uma prova inconteste de que Deus aceitou Seu sacrifício vicário.

6.1 Desenvolvimento histórico

A história da educação está relativamente ligada às instituições religiosas, desde as comunidades mais primitivas até os dias de hoje. No Egito Antigo e na Mesopotâmia, somente os sacerdotes eram encarregados da educação, assim como na Índia, em que esta era um privilégio dos brâmanes (sacerdotes). Os hebreus também demonstravam ser muito exigentes na educação, que se baseava nos textos religiosos da Torá. Segundo Borges (2002), a religião e a magia, ou o misticismo, que determinavam os aspectos do cotidiano do ser humano eram regularmente transmitidos por meio do ensino religioso, por isso é possível considerar que a educação esteve bastante relacionada à religiosidade nessas civilizações, posto que sua ministração era um privilégio da classe sacerdotal nas mais diferentes religiões e culturas.

O cristianismo surgiu no povo hebreu, recebendo um legado histórico pleno de práticas educativas, filosóficas e pedagógicas, o que nos faz refletir acerca da importância da educação cristã nas sociedades. Embora seja possível perceber tanto semelhanças como diferenças na diversidade cultural que pratica essa fé, o objetivo principal será sempre o de criar possibilidades para que o indivíduo possa tomar decisões pontuais relativas ao desenvolvimento de seu caráter. Esse é um contexto institucional em que pastores, bispos, apóstolos e palestrantes têm a incumbência de multiplicar os ensinamentos que convergem para os valores essenciais do ser humano, a fim de desenvolver a formação da personalidade, capacitando a pessoa com liberdade de pensamento, consciência e religião (Borges, 2002).

6.1.1 A herança dos hebreus e o Apóstolo Paulo

A educação hebraica era voltada ao ensino religioso assim como ocorria nas civilizações antigas, apesar de sua cultura ser diferente da de outros povos, voltados basicamente para os valores morais. Segundo Cambi (1999), o cristianismo é procedente do judaísmo. A referência ao termo *Yahweh*, oriundo da Torá, ou do Pentateuco para os cristãos, indica um juízo de valores entre o bem e o mal, conforme a citação de Provérbios: "Porque o Senhor dá sabedoria, e da sua boca vem o conhecimento e o entendimento" (Bíblia. Provérbios, 2003, 2: 6). Fora do âmbito familiar, a educação estava sob a responsabilidade de sacerdotes, de juízes e de outro personagem interessante e que merece destaque, o profeta (Cambi, 1999, p. 70):

> Os profetas [...] eram educadores de Israel, inspirados por Deus e continuadores do espírito de sua mensagem ao "povo eleito". [...] São educadores de todo povo, mas falam a cada indivíduo, com palavras solenes e brutais, que pretendem sacudir o espírito e transformá-lo. E são educadores inspirados previdentes, que falam contra e além do seu tempo. [...] O papel do profeta é despertar metaforicamente da "morte."

Segundo Cambi (1999), o conhecimento, para os judeus, não era um privilégio dos sacerdotes, mas deveria ser passado para todo o povo. Cabe aos pais ensinar os filhos, como descrito em textos bíblicos de Deuteronômio, e é responsabilidade dos pais a transmissão dos ensinamentos bíblicos: "E ensinai-as a vossos filhos, falando delas assentado em tua casa, e andando pelo caminho, e deitando-te, e levantando-te; E escreve-as nos umbrais de tua casa, e nas tuas portas" (Bíblia. Deuteronômio, 2003, 11: 18-20). Essa citação bíblica descreve os princípios e os costumes do povo israelita, que, de acordo com Borges (2002), indica o domínio da leitura, para que o povo pudesse guardar os mandamentos e os ensinamentos bíblicos por meio da oralidade e da escrita.

> Geertz (1989) explica que a diversidade cultural é como teias de significado das vivências concretas dos sujeitos de uma determinada sociedade, e, por meio dela, estipulam-se regras, convencionam-se valores e significações que possibilitam a comunicação dos indivíduos e dos grupos. Por isso, a cultura não é casual, mas ela é o resultado de toda a experiência histórica das gerações anteriores, que possui o poder de conter, simbolizar e traduzir formas de viver socialmente. (Junqueira; Kadlubitski, 2014, p. 372)

São ensinamentos e princípios que o povo deveria cultivar no dia a dia, como um método de aprendizado presente em seu cotidiano, com base na leitura e na transmissão oral aos demais. Desse modo, os pais têm uma grande responsabilidade na educação dos filhos, um costume que os gregos também desenvolviam por meio de uma educação severa.

O livro dos Provérbios assinala, em 16: 21, que "o sábio de coração será chamado prudente, e a doçura dos lábios aumentará o ensino" (Bíblia. Provérbios, 2003, 16: 21), orientando uma relação sensível entre educador e educando. Trata-se de uma conexão afetiva, que ainda hoje traz a sua importância na aprendizagem, como uma relação pai-filho e professor-aluno em que ambos desfrutam dessa sabedoria no âmbito das relações humanas. A instrução deve conduzir a pessoa ao caminho em que deve andar e, mesmo ao envelhecer, ela não deve se desviar dele, conforme orienta o texto de Provérbios em 22: 6. É enaltecida a importância de ensinar os valores humanos como princípios que o jovem deverá carregar em seu íntimo até a velhice. A educação inspira princípios e ensinamentos que transformam os espíritos mais embrutecidos em espíritos imponentes, principalmente quando os ensinos estiverem relacionados às profecias.

A profecia era como um despertar da morte social em um sentido metafórico, já que muitas vezes apontava o enriquecimento ilícito, a desigualdade social, as injustiças dos senhores de terras e tantas outras situações que os aconselhamentos dos oráculos buscavam alertar e solucionar em suas mensagens (Cambi, 1999, p. 70). A profecia é sempre um alerta, um simbolismo contido também nas parábolas, que tem o objetivo de divulgar mensagens acerca dos bons costumes e de incentivo à lealdade a Deus.

Nesse contexto, destacamos a existência de programas de treinamento ou de escolas organizadas para promover a instrução dos mais jovens, como ocorria na Palestina do século 8 a.C., que ensinava escribas e jovens a se tornarem profetas. Na época de Jesus, já existiam escolas que educavam com base nos conhecimentos gregos, e nas sinagogas judaicas havia um momento dos estudos dedicados aos textos da lei e da Torá (Torres, 2011, p. 35).

A história e a religião dos hebreus se tornaram o berço e a base do desenvolvimento do cristianismo, ainda que com roupagens judaicas. Podemos perceber, na Idade Média, o modo como a educação e seus processos de aprendizagem sempre estiveram atrelados à religião cristã. Há exemplos na escritura sagrada para melhor elucidar os fatos do cristianismo[1] e da educação no aspecto histórico que explicitam propostas teóricas e práticas para enriquecer o conhecimento por meio de discursos e práticas na educação cristã, oriundos do pensamento de Paulo de Tarso e Eusébio de Cesareia, conforme a proposta da professora Terezinha Oliveira (2012), que traz a ideia da não existência de teóricos para difundir o cristianismo, em um discurso sobre os princípios de convívio social entre romanos e cristãos:

---

1 Durkheim, ao discorrer sobre as origens da escola na França na obra *Evolução pedagógica*, ressalta a importância dos autores cristãos no mundo romano. Ao fazer essa análise, o sociólogo do século XIX observa que o cristianismo, na prática educativa, erigiu suas bases teóricas nos autores greco-latinos (Durkheim, 2002, p. 29).

Obedeçam às autoridades, todos vocês. Pois nenhuma autoridade existe sem permissão de Deus, e as que existem foram colocadas nos seus lugares por ele. Assim quem se revolta contra as autoridades está se revoltando contra o que Deus ordenou, e os que agem desse modo serão condenados. Somente os que fazem o mal devem ter medo dos governantes, e não os que fazem o bem. Se você não quiser ter medo das autoridades, então faça o que é bom, e elas o elogiarão. Porque as autoridades estão a serviço de Deus para o bem de você. Mas, se você faz o mal, então tenha medo, pois as autoridades, de fato, têm poder para castigar. Elas estão a serviço de Deus e trazem o castigo dele sobre o que fazem o mal. É por isso que você deve obedecer às autoridades; não somente por causa do castigo de Deus, mas também porque a sua consciência manda que você faça assim. É por isso também que vocês pagam impostos. Pois quando as autoridades cumprem os seus deveres, elas estão a serviço de Deus. Portanto, paguem ao governo o que é devido. Paguem todos os seus impostos e respeitem e honrem todas as autoridades. (Bíblia. Romanos, 2003, 13: 1-6)

As propostas pedagógicas, ainda que conservem um mesmo princípio durante séculos, se vistas e acompanhadas pela história, nos possibilitam perceber que não há uma forma única e definitiva de educação. A educação, como todas as demais ações, é proveniente do agir humano, portanto, modifica-se em consonância com as vicissitudes sociais. Sob esse aspecto de permanência e ruptura, a religiosidade cristã nos brinda com um bom exemplo acerca das mudanças e das permanências, pois se constitui em uma religião que modifica sua forma de propagação em virtude da diversidade do tempo histórico. É o exemplo de que, no âmbito da educação, não há uma forma linear e única de prática e de discurso se o objetivo é atingir e modificar o outro. Ao contrário, nos quatro primeiros séculos do cristianismo, o que assistimos são os seus teóricos apresentando propostas distintas de educação, sempre que as contingências históricas exigiram.

Do aspecto histórico, podemos observar que os ensinamentos de Paulo (século I) apresentavam a prudência e o cuidado com os cristãos, posto que sofriam ameaças do Império Romano. Mesmo em períodos de crise, o cristianismo colocava em risco as estruturas do poder que vigorava entre os romanos. Todo esse transporte no tempo tem o objetivo de apresentar a essência da educação social na formação de um cidadão que o capacita a pensar e a decidir por si mesmo. O papel da educação é promover o desenvolvimento do intelecto docente e discente, já que aquele assume a tarefa de ensinar.

Na obra *Crítica da razão pura*, é possível constatar a questão referente ao ensino na qual Kant (citado por Oliveira, 2004, p. 450-451) afirma que ensinar é filosofar e aprender a pensar com autonomia:

> Os conhecimentos da razão, que o são objetivamente (isto é, que originariamente podem apenas resultar da própria razão do homem), só podem também usar este nome, subjetivamente, quando forem hauridos nas fontes gerais da razão, donde pode também resultar a crítica e mesmo a rejeição do que se aprendeu, isto é, quando forem extraídos os princípios.

Kant (1989) retoma, em sua obra *Crítica da razão pura*, a questão do ensino e da educação sobre as instruções e o significado do toque da verdade. Para ele, o conhecimento deve servir à razão. Dessa forma, desaparecem a superstição e os devaneios, apoiados pela reflexão, que pode facilitar o aprendizado.

6.1.2 Primeiros séculos: patrística e Agostinho

A filosofia foi um conhecimento que se desenvolveu bastante entre os séculos XIII e XIV, influenciando o pensamento da teologia acerca do conhecimento de Deus e da religião. Pensava-se que a filosofia tinha condição de alcançar conhecimentos sobre o mundo e a humanidade. Nesse contexto, a filosofia patrística, desenvolvida entre os séculos I e VII, teve como objetivo consolidar o papel da Igreja e promover as ideias do cristianismo; já a filosofia escolástica, desenvolvida entre os séculos IX e XV, retomou os princípios filosóficos gregos.

A escola patrística, com a oficialização do cristianismo e a concepção da Igreja Católica, preocupou-se em conciliar a fé e a razão no pensamento. Com a filosofia de Platão, essa escola foi utilizada como um instrumento de conhecimento. A teoria principal tratava da conciliação da herança clássica greco-romana com o pensamento cristão, uma doutrina que também tinha a finalidade de evangelizar ou converter os pagãos à nova religião. A patrística orientou o trabalho dos padres sobre os estudos, como aconteceu com Santo Agostinho, considerado um extraordinário teórico da Igreja Católica, que retomou o pensamento de Platão, vindo a defender a salvação da alma em vinculação com a fé.

O principal objetivo da patrística era a apologética, a defesa da fé, e alguns de seus principais representantes foram Clemente de Alexandria, Orígenes e Tertuliano (160-220). Seu maior representante foi Agostinho de Hipona, nascido em Atenas, um grego que tinha como referência o amor de Jesus Cristo; seu livro O *pedagogo* pode ser, inclusive, considerado o primeiro tratado da educação cristã, apresentando Deus como o pedagogo do homem, segundo Rosa (1971).

Para Santo Agostinho, Deus dá ao ser humano a condição de encontrar a sabedoria, uma característica do pensamento cristão:

> o ser humano recebia de Deus o conhecimento das verdades eternas, o que não significa desprezar o próprio intelecto, pois como o sol, Deus ilumina a razão e torna possível o pensar correto. O saber, portanto, não é transmitido pelo mestre ao aluno, já que

a posse da verdade é uma experiência que não vem do exterior, mas de dentro de cada um. Isso é possível por que "Cristo habita no homem interior". Toda educação é, dessa forma, uma autoeducação, possibilitada pela iluminação divina. (Aranha, 2006, p. 114)

Agostinho era monge e apreciava a filosofia platônica. Buscou refletir acerca dos temas da origem da veracidade, do dualismo entre a alma e o corpo, da ética e da mística, quando a razão estava intimamente ligada à fé na busca de se conhecer a natureza de Deus. O homem recebia de Deus o conhecimento das verdades eternas, motivo pelo qual não deveria desprezar a inteligência, posto que o próprio Deus ilumina a razão e permite ao homem desenvolver o pensamento correto. Então, a posse da verdade não vem do exterior, e sim da experiência do interior. Na concepção de Agostinho, Cristo habita o homem interior, e somente por um processo de autoeducação é que será criada a probabilidade do aprendizado pela iluminação divina.

Para Agostinho, o pensamento deve seguir o princípio bíblico, mas o conhecimento provém de Deus e, portanto, apenas a autoeducação e a disciplina poderiam promover seu alcance. Os valores agostinianos se tornaram características do aprendizado de visão cristã, com base no ensinamento dado pelo Apóstolo João em sua primeira epístola: "e a unção que vos recebestes dele fica em vós, e não tendes necessidade de que alguém vos ensine, mas, como a sua unção vos ensina todas as coisas, e é verdadeira, e não é mentira, como ela vos ensinou, assim nele permanecereis" (Bíblia. 1 João, 2003, 2: 27).

Segundo Borges (2002), Agostinho se preocupava em descobrir os fundamentos do conhecimento, em uma investigação que acabou desenvolvendo uma pedagogia de cunho religioso, integrando o valor cultural e o vigor teórico. Ele acreditava que Cristo habita no interior do homem. Trata-se de uma ideia em que a educação dá primazia ao desenvolvimento das potencialidades humanas, posto que o homem foi criado à imagem e à semelhança de Deus. O conhecimento deve objetivar a verdadeira sabedoria, que é capaz de tornar feliz quem a possui, e é uma necessidade de completude dada pela busca de Deus, pois "os cristãos legaram ao mundo um vastíssimo patrimônio cultural e uma extraordinária riqueza filosófica e pedagógica" (Borges, 2002, p. 40).

> A história da educação está intimamente ligada à própria história das instituições religiosas. A casta sacerdotal que nas sociedades arcaicas, [sic] detinha o poder político ou pelo menos dele participava ativamente, deve ter compreendido de maneira bastante clara, a importância de chamar a si o controle do sistema educacional, por mais informal e limitado que ele fosse. (Toscano, 2001, p. 139)

O conhecimento deve objetivar a verdadeira sabedoria – que é capaz de tornar feliz quem a possui – em relação à cultura, à teoria e ao significado espiritual. O período pedagógico medieval se apoia na filosofia da paideia cristã, quando a educação esteve fortemente relacionada à fé, ou a cultura intelectual foi responsável pelo ensino-aprendizagem da época.

Na Idade Média, a Europa passou por grandes transformações. Com a queda do Império Romano e durante a sociedade feudal, a Igreja assumiu um papel social agregador, particularmente pela educação:

> na Idade Média, a herança cultural greco-latina foi resguardada aos mosteiros. Os monges eram os únicos letrados, porque os nobres e muito menos os servos sabiam ler. Podemos então compreender a influência que a Igreja exerceu não só no controle da educação, como na fundamentação dos princípios morais, políticos e jurídicos da sociedade medieval. (Aranha, 2006, p. 104)

Na chegada do século XIV, a transformação intelectual moveu o mundo europeu, segundo Aranha (2006). A consulta direta aos textos bíblicos proporcionava autonomia ao leitor, e a educação tornou-se um instrumento de divulgação da reforma. As críticas quanto à salvação indicada na postura católica e a corrupção do clero tornaram necessários um maior interesse pela educação e a criação de escolas, para que a população pudesse ter acesso à alfabetização e, consequentemente, à leitura dos textos sagrados. Desse modo, poderiam interpretar as mensagens pessoalmente, sem a interferência do clero.

Os monges utilizavam a lógica aristotélica em suas argumentações na defesa da fé, na qual o princípio da razão deveria estar a serviço da religião, não sendo permitida a pluralidade de interpretações em respeito ao princípio da autoridade. Nesse contexto, a educação era considerada um processo que consistia na busca da superação das dificuldades causadas pelo pecado. Segundo Borges (2002), o cristianismo medieval valorizava a busca do conhecimento somente se este fosse utilizado a favor do serviço da fé, pois negava a vivência da experiência educacional para o restante da população.

6.1.3 Segunda metade da Idade Média: universidades e escolástica

Em 1054, houve o cisma grego da Igreja, com a igreja bizantina vindo a se separar da igreja romana, resultando em duas igrejas cristãs, a oriental ortodoxa e a ocidental católica. A Igreja Católica passou a exercer uma função mais cultural, social e jurídica, quando os professores de suas paróquias começaram a alfabetizar os camponeses com ensino gratuito e ainda se incumbiam dos serviços sociais, como organizar os registros civis com dados de nascimento, casamento e morte dos cidadãos. A Igreja também cuidava dos pobres, dos órfãos, das viúvas e dos doentes. Durante o século XII, foram fundados vários hospitais, o que também mantinha uma certa integração entre os povos europeus, vindo a conservar as tradições centralizadoras do Império Romano.

Os feudos empobrecidos já não tinham mais como acomodar os filhos dos nobres. Nesse contexto, as Cruzadas promoveram uma integração entre Ocidente e Oriente que trouxe renovação às ciências, em uma mescla de elementos oriundos da civilização bizantina e muçulmana. Com base nos pensamentos de Aristóteles, a ciência se desenvolveu nas áreas da astronomia, geografia, medicina e química, promovendo as culturas agrícolas com novas espécies, como o trigo sarraceno, o milho, o arroz, os limões e os damascos. A fabricação de tecidos de seda e vidro proporcionou uma nova mentalidade acerca de seu processo de fabricação.

A diversidade humana refletida nas escolas comunitárias, junto ao desenvolvimento do comércio e da burguesia, estimulou o sujeito a indagar sobre a sua existência com base nos escritos filosóficos de Sócrates, Platão e Aristóteles. Isso induziu e promoveu a criação das universidades, que vieram a transmitir a orientação sobre a existência humana, com suporte para o desenvolvimento de outras áreas de conhecimento.

As primeiras universidades foram organizadas na Idade Média, inicialmente para serem uma coletividade corporativa eclesiástica, composta por mestres e estudantes. Era uma ideia oriunda da influência da classe burguesa com desejos de ascensão social, e as tarefas dadas a mestres livres, que agiam sob a tutela da Igreja, convencionaram a criação desses centros de estudo. A educação das antigas civilizações estava estritamente ligada ao ensino da religiosidade, na absorção de valores morais (Aranha, 2006, p. 49).

No início, havia apenas três campos de conhecimento que se acordavam entre si: as artes liberais, a medicina e a jurisprudência. Por solicitação do Papa Inocêncio III, acrescentou-se a teologia, com a participação dos dominicanos. Com o surgimento das escolas das catedrais é que nasceram as primeiras universidades, instituições destinadas ao aprendizado e nomeadas como uma instituição educacional. Sua difusão se iniciou no século XII – a Universidade de Bolonha foi instalada em 1150. A Idade Média também foi marcada pelo surgimento de universidades em outras localidades, como Paris, Oxford, Cambridge, Salamanca e Coimbra, e esta veio a ter um grande destaque na literatura, por meio da *Divina comédia*, de Dante Alighieri. Bolonha, em Paris, se dedicava à Teologia, à Filosofia, à Literatura e ao Direito, e Oxford, na Inglaterra, se voltava para as ciências da experiência.

O desenvolvimento dos argumentos da filosofia escolástica se deu com base no pensamento de seus representantes mais importantes: Santo Anselmo, Pedro Abelardo, Santo Alberto Magno e São Tomás de Aquino. Sua proposta era demonstrar a íntima união entre a fé e a razão e entre a teologia e a filosofia. Esses pensadores adotaram conceitos racionalistas de Aristóteles, o que redundou na escrita dos textos da Súmula Teológica, reunidas por Alberto Magno (1206-1280), nomeado de *fino erudito da dialética*, e São Tomás de Aquino (1225-1274), nomeado de *teológico tomista*. O objetivo da súmula era fundamentar a primazia da razão com a demonstração da racionalidade existente na ordem do universo.

Pela observação da ordem do universo, seria possível perceber a lógica da inteligência com a qual Deus criou o mundo. Já que o ser humano faz parte da essência de Deus, o modelo de reflexão metafísico tomista tornou-se um elemento pedagógico capaz de propiciar à natureza humana a felicidade perfeita, pois a revelação divina é que mostra o caminho seguro para o desenvolvimento da inteligência do homem.

São Tomás de Aquino foi um monge dominicano que se tornou mestre em teologia e adotou a lógica aristotélica para defender o argumento de que a razão é o principal meio de se chegar à verdade.

Ele alegou que a educação é uma atividade análoga ao potencial da criança e que o universo é ordenado por uma finalidade e um propósito inteligentes, a fim de promover a paz, a justiça e a salvação da humanidade no mundo além-túmulo.

Nesse contexto, percebemos como os conceitos científicos do pensamento de Aristóteles contribuíram para o desenvolvimento da ciência moderna durante o Renascimento, por meio do estímulo ao poder da razão e da busca de um conhecimento oriundo da conexão entre os fatos do tipo causa e efeito. A seguir, citamos algumas escolas de pensamento e seus formuladores que foram importantes no desenvolvimento do conhecimento na Idade Média:

- A **escola empírica**, de Rogério Bacon (1214-1294), que proclamou a necessidade da observação e da experimentação; tratava da fonte do conhecimento pela experiência.
- A **escola combinatória**, de Raimundo Lúlio (1235-1335), espanhol que adotou o método que classificava e simbolizava os diferentes conceitos gerais por meio de figuras combinadas entre si.
- A **escola mística**, de Rusbroek (1298-1381) e Gerson (1363-1429), que sustentava a ideia de contemplação a Deus e da meditação, ou seja, a razão seria combinada com sentimento na busca do entendimento.

A filosofia grega também foi utilizada por Boécio (480-524) e, mais tarde, pelos árabes, por meio do pensamento aristotélico, o que foi fundamental nas argumentações acerca da relação entre fé e razão em Santo Tomás de Aquino. A filosofia foi estimuladora de um pensamento original, porém sempre obediente às leis da razão.

> As religiões, portanto, fazem parte da cultura humana, presentes em todos os povos, em todas as épocas históricas. Desde os tempos remotos, segundo Silveira (2010), os seres humanos

têm procurado responder sobre o mistério da sua existência e da criação do Universo, bem como dar sentido à vida terrena e após a morte, entre esses diferentes meios está a religião. (Junqueira; Kadlubitski, 2014, p. 374)

A Idade Média ficou conhecida por guerras, pestes e fome, e a maioria das pessoas não sabia ler nem escrever. Porém, o desenvolvimento cultural do período foi importante para as formas de pensar, agir e governar. Aristóteles preconizava o uso da razão e a separação entre fé e razão. Santo Tomás de Aquino cultivava as possibilidades de fundir o pensamento de Aristóteles à fé cristã, abordagem relacionada com a essência escolástica, evidenciando a questão humana e divina. A escola agregava a função de levar o conhecimento para a construção do intelecto humano, a fim de que o homem pudesse refletir, pensar, saber e agir sobre as questões relativas a atitudes e comportamentos em sociedade.

Foi um período em que o cristianismo desenvolveu argumentos filosóficos no objetivo de defesa da fé, com a educação e o ensino, em seu contexto histórico e medieval, como um valor instrumental, pois o método era formalizado e o conteúdo era baseado nas crenças religiosas. O ensino religioso desenvolvido pela escolástica não estava separado da educação, e o método era constituído por algumas etapas de aprendizado:

- primeiro, a leitura (*lectio*);
- segundo, o comentário (*glossa*);
- terceiro, as questões (*quastio*);
- por último, a discussão (*disputatio*).

Para desenvolver uma aprendizagem global, as crianças da época aprendiam a ler e a escrever observando as Escrituras e traçando cópias de suas letras (Aranha, 2006).

6.1.4 A reforma protestante e o Iluminismo

O reformador Lutero impulsionou a política e promoveu um novo sistema escolar, voltado à instrução de meninos para atividades de trabalho. A educação deveria ter três ciclos: o fundamental, o médio e o superior, além de projetar o anseio da organização de um ensino público e universal que estivesse sob a responsabilidade do Estado. No Brasil:

> Dentro dessa perspectiva, os Parâmetros Curriculares Nacionais do Ensino Religioso de 1997 (PCNER) propõem para essa disciplina de Ensino Religioso, a valorização do pluralismo e a diversidade cultural presente na sociedade brasileira, facilitando a compreensão das formas que exprimem o Transcendente na superação da finitude humana e que determinam subjacente, o processo histórico da humanidade. Por isso necessita:
>
> - propiciar o conhecimento dos elementos básicos que compõem o fenômeno religioso, a partir das experiências religiosas percebidas no contexto do educando;
> - subsidiar o educando na formulação do questionamento existencial para dar sua resposta devidamente informada;
> - analisar o papel das tradições religiosas na estruturação e manutenção das diferentes culturas e manifestações socioculturais;
> - facilitar a compreensão do significado das afirmações e verdades de fé das tradições religiosas;
> - refletir o sentido da atitude moral, como consequência do fenômeno religioso e expressão da consciência e da resposta pessoal e comunitária do ser humano;
> - possibilitar esclarecimentos sobre o direito à diferença na construção de estruturas religiosas que têm na liberdade o seu valor inalienável. (Junqueira; Kadlubitski, 2014, p. 377)

Na Europa cristã, a educação, a princípio, desenvolveu um monopólio do pensamento católico, no entanto, após a reforma protestante, as escolas e as instituições religiosas abriram espaço para o estudo das ciências e do conhecimento prático voltados à realidade, que exigia formação econômica, política e social. A ciência reproduzia suas explicações sobre a natureza e a filosofia, fortalecendo o humanismo, mas desenvolvendo a realidade das experiências. Segundo Cambi (1999), a educação do século XVIII teve influência na renovação prática de ensino, promovendo uma real transformação na história da educação que permanece nos dias de hoje.

O Brasil e a educação contemporânea acompanharam as transformações econômicas e sociais provocadas pelo fim do escravismo, pelo desenvolvimento industrial, pelo crescimento urbano e pela transição para o trabalho livre e assalariado. Segundo Aranha (2006), a organização escolar ainda se mantém, nos dias de hoje, em três ciclos de ensino: fundamental, médio e superior.

O cristianismo é uma religião que concentra pensadores, filósofos, teólogos, historiadores e outras áreas do conhecimento, criando a possibilidade e a necessidade de mudanças radicais ao longo do tempo.

> Dentro dessa perspectiva, Dias (2007) explica que trabalhar com a diversidade nas escolas é indispensável, para assegurar a igualdade sem aniquilar as diferenças. E num país, como o nosso, marcado por contrastes e desigualdades de recursos, direitos e de oportunidades de aprendizagem, de informação, de voz ativa, a educação de qualidade para todos torna-se fundamental, visando o acesso por todos na sociedade, aos direitos inerentes as necessidades básicas. (Junqueira; Kadlubitski, 2014, p. 380)

Para Lutero (citado por Cairns, 2008, p. 250):

> Se considerarmos a Reforma somente a partir de uma perspectiva política ou da administração eclesiástica, ela pode ser tida como

uma revolta contra a autoridade da Igreja de Roma e seu chefe, o papa. Mesmo admitindo que a Reforma teve um caráter revolucionário, não se está dizendo necessariamente que a verdadeira igreja se restringisse a Roma. Os reformadores, e muitos outros que os precederam, procuraram malogradamente reformar a Igreja Católica Romana medieval a partir de dentro, mas foram forçados a deixar a velha organização, por causa das ideias renovadoras.

Para Lutero (citado por Borges, 2002, p. 47), "todo verdadeiro conhecimento leva o homem a Deus"; já para Calvino, "os homens que possuem conhecimento científico podem penetrar mais detalhadamente nalguns segredos da sabedoria divina" (Ferreira, 1985, citado por Borges, 2002, p. 48).

Lutero exaltava o papel social da escola, concluindo que os benefícios na educação trariam prosperidade à sociedade e aos cidadãos mais instruídos, além de valorizar os conteúdos literários e as disciplinas de história e matemática e promover a participação das mulheres no magistério. Sua maior motivação para desenvolver a área educacional provinha de interesses religiosos em favor da fé cristã. O também reformador Felipe Melanchton (1497-1560) foi um excelente colaborador de Lutero na implantação da escola primária para todas as classes.

Segundo Weber (1996), ficou claro o impacto que os movimentos religiosos tiveram no processo de desenvolvimento da moderna cultura secular, surgida de inúmeros fatores históricos. Ele cita que o modo capitalista era notório antes da indignação ética de Lutero, em 1517. Para Cairns (2008, p. 254): "O fator intelectual na Reforma deve-se à postura crítica adotada por mentes lúcidas e secularizadas diante da vida religiosa dos seus dias como proposta pela Igreja Católica Romana".

Além disso, Lutero pregou as 95 teses na porta da Igreja do Castelo de Wittenberg, já que denunciavam os abusos das indulgências (Cairns, 2008, p. 260-268).

O reformador francês João Calvino (1509-1564) fundou a Universidade de Genebra e seu pensamento principal era de que, para se ter fé, é necessário ter conhecimento. Conforme Borges (2002, p. 48), "para Calvino [...] não há distinção ou hierarquia de valores entre o estudo de línguas, história, ciência ou religião, porque todo ensino visa o aperfeiçoamento do ser humano para o cumprimento de sua vocação".

De acordo com Cairns (2008, p. 280), embora a teologia de Calvino tenha uma ênfase próxima à de Agostinho, Calvino deve o seu sistema de estudo à Bíblia, e não ao exame que fez de Agostinho. Calvino começou agir em Genebra e somente em 1535 venceu a polêmica dos inimigos da reforma. Também incentivou a educação, com a constituição da hoje conhecida Universidade de Genebra.

A administração representativa da igreja de Genebra tornou-se modelo para as igrejas reformadas, conforme Cairns (2008, p. 283):

> Calvino também influenciou o avanço da democracia porque aceitou o princípio representativo da direção da Igreja e do Estado. Ele entendia que a Igreja e o Estado foram criados por Deus para o bem do homem e que, portanto, deviam cooperar harmoniosamente para o progresso do cristianismo. Sua ênfase na vocação como chamado divino e a importância que dava à frugalidade e ao trabalho estimularam o capitalismo.

A Universidade de Genebra tinha um currículo amplo, com disciplinas de teologia, hebraico, grego, matemática e retórica, além de orientar o estudo de textos de autores como Heródoto, Xenofonte, Homero, Demóstenes, Plutarco, Platão, Cícero, Virgílio e Ovídio.

Os líderes e pensadores iniciais da reforma protestante valorizavam tanto as implicações do entendimento do evangelho quanto a importância do conhecimento para a formação integral do homem. Esclareciam que não havia necessidade de separar a fé da razão e do intelecto do ser; esse é um pensamento que veio a desenvolver os processos educacionais e artísticos nos países protestantes no decorrer dos séculos.

Quando se trata de cristianismo e educação, sabe-se que as reformas e as ações sociais consequentes não foram privilégio somente do Ocidente, pois o Oriente inspirou o mundo com diversas mudanças na sua própria raiz e nos mais diversos âmbitos, como cultura, religião, direito, política, arte, economia e educação, entre outros. O sociólogo alemão Max Weber escreveu sobre a relação entre a religião e a área econômica. Segundo sua crítica da teoria de secularização, o início do processo de desencantamento do mundo ocorreu como resultado das ações sociais orientadas para a eficiência, ou seja, no emprego das técnicas para aumentar a produção, com o propósito de atingir os valores éticos em detrimento de ações baseadas na emoção ou na tradição (Weber, 1994, p. 15).

Conforme Cairns (2008, p. 254), o fator moral da reforma está intimamente relacionado ao intelectual. Naquele contexto, a corrupção havia atingido todos os escalões da igreja romana, sendo que a justiça era comprada e vendida.

A moral coletiva sancionada pelas leis e tutelada pela religião perpassa o campo político decorrente do Estado laico, com suas implicações éticas ou morais e com a participação dos indivíduos da sociedade. Porém, importa observar que, no caso da laicidade, a política pública não leva em consideração os valores religiosos. O Estado laico promove o poder legislativo e executivo, em uma situação na qual deve prevalecer uma cultura altamente secularizada, mas também de cunho religioso, como, ocorre nos Estados Unidos da América e na Índia, países em que a cultura é impregnada de religião, onde os cidadãos carregam um grande sentimento de pertencimento a uma instituição religiosa, a qual passa a fazer parte da identidade social dos indivíduos.

A partir do século XVIII, o movimento filosófico iluminista europeu trouxe novas concepções a respeito do homem e da sociedade originadas na França, sempre com base em descobertas científicas, o que redundou em críticas e na recusa de continuidade das autoridades da monarquia absolutista e da instituição religiosa na sociedade, algo que veio a ter reflexos globais.

> A palavra religião significa Religar, ou seja, ligar, unir as pessoas com o Sagrado, com o transcendente e com seus irmãos. Para Junqueira (2002, p. 88):
> *A religião pode ser considerada como um comportamento instintivo, característico do homem, cujas manifestações são observáveis através dos tempos, em todas as diversas culturas, a partir da busca da compreensão de si mesmo e do mundo, da consideração em relação aos fatos inconsoláveis e desconhecidos.* (Junqueira; Kadlubitski, 2014, p. 374, grifo do original)

O mundo humano-social sofreu mudanças relacionadas às atividades humanas. Mesmo que o produto de suas atividades seja relacionado a uma ação racional, nem todos os homens têm consciência do produto dessa realidade, que se configura na realidade social.

> Da realidade social, entretanto, pode-se dizer que o homem seja de fato e plenamente senhor, uma vez que tudo o que nela existe seja produto de uma ação racional, isto é, seja produto da ππαξιρ (praxis), por mais que nem todos os homens tenham consciência de si mesmos como produtores desta realidade, ainda que a maior parte deles esteja na condição de objeto de uma determinada configuração social da realidade. Kosik assinalou muito bem a diferença entre esses dois aspectos da realidade concreta: "A **diferença entre a realidade natural** e a **realidade humano-social** está em que o homem pode mudar e transformar a natureza; enquanto pode mudar de modo **revolucionário** a realidade humano-social porque ele próprio é o produtor desta última realidade". (Lima, 2011, p. 23, grifo do original)

Para Junqueira e Kadlubitski (2014, p. 380):

De acordo com Burbules (2003), a educação atual nas escolas é marcada pela tensão entre homogeneização e diversidade. Essa divergência tem sido uma característica incessante da teoria e da prática educacional.

Dentro dessa perspectiva, Dias (2007) explica que trabalhar com a diversidade nas escolas é indispensável, para assegurar a igualdade sem aniquilar as diferenças. E num país, como o nosso, marcado por contrastes e desigualdades de recursos, direitos e de oportunidades de aprendizagem, de informação, de voz ativa, a educação de qualidade para todos torna-se fundamental, visando o acesso por todos na sociedade, aos direitos inerentes as necessidades básicas.

Como a história demonstrou em fatos reais e concretos, ou seja, na teoria, compreendemos que o método do abstrato para o concreto é o movimento no pensamento e do pensamento, a passagem do plano sensível para o plano concreto. Esse movimento Kosik (1976, p. 36-37) denomina de movimento da parte para o todo e do todo para a parte; do fenômeno para a essência e da essência para fenômeno; da totalidade para a contradição e da contradição para a totalidade; do objeto para o sujeito e do sujeito para o objeto. O processo do abstrato ao concreto, como método materialista do conhecimento da realidade, é a dialética da totalidade concreta, na qual se reproduz idealmente a realidade em todos os seus planos e suas dimensões. O processo do pensamento não se limita a transformar o todo caótico das representações no todo transparente dos conceitos; no curso do processo, o próprio todo é concomitantemente delineado, determinado e compreendido.

Esse era o contexto em que a história demonstrou, em suas nuances, como ocorre a luta pelo poder. Mesmo no campo religioso, observa-se que essa disputa raramente é pacífica, envolvendo atritos e conflitos. Segundo Kosik (1976), a divisão social do trabalho dificilmente revela o porquê das coisas, nas relações e nos processos sociais, políticos e econômicos na forma como o são; o conhecimento fica fragmentado na divisão do trabalho e na divisão da sociedade em classes e na hierarquia. "Nesta práxis se forma tanto o determinado ambiente material do indivíduo histórico, quanto a atmosfera espiritual em que a aparência superficial da realidade é fixada como o mundo da pretensa intimidade, da confiança e da familiaridade em que o homem se move na vida cotidiana" (Kosik, 1976, p. 10-11).

Para concluir, podemos dizer que, da Idade Média até a Idade Moderna, o cristianismo desenvolveu plenamente suas concepções, sem distinção de classe e raça/etnia, aparência física ou psicológica, na busca de teorizar um ensino e uma aprendizagem com mecanismos científicos, representados pelo nascimento das universidades. Para promover a práxis pedagógica e com argumentos filosóficos, resguardando a defesa da fé e da ciência em seu contexto histórico, o cristianismo buscou alçar voo rumo ao conhecimento do mundo e da humanidade, observando o desenvolvimento social, político e econômico, mesmo em sua contradição atual.

Essa análise e contextualização do quadro mundial, em um nível de totalização mais abrangente, por meio de uma visão de conjunto e sua gênese, bem como da evolução e do desenvolvimento do ser humano que perpassa a história da humanidade, requerem o entendimento de que a percepção alcançada do todo nem sempre será nítida. A contradição estará sempre presente nos debates, valorando o respeito aos pensamentos das religiões, na busca por afastar a discriminação e o preconceito, já que, quando se trata de educação e conhecimento, o interesse individual e coletivo deverá estar sempre representado:

> o fenômeno não é, portanto, outra coisa senão aquilo que, diferentemente da essência oculta, se manifesta imediatamente,

primeiro e com maior frequência [...], tal ocultação não pode ser absoluta [...] se apenas quer ter a possibilidade de descobrir a essência oculta ou a estrutura da realidade. (Kosik, 1976, p. 16)

A teoria é uma técnica do conhecimento, pois o pensamento comum é a forma ideológica do agir humano em todos os dias do seu cotidiano. A percepção do todo não é nítida porque são pinçados apenas alguns aspectos mais relevantes, os quais nortearão as condutas e os pensamentos. Para Kosik (1976, p. 15), a essência se manifesta no fenômeno, fato que revela seu movimento e demonstra que ela não é inerte nem passiva. A manifestação da essência é precisamente a atividade do fenômeno.

Na sociedade contemporânea, temos o fenômeno da laicidade religiosa, sobre a seriedade da representação do ensino religioso na área educacional. Para Cury (2004, p. 183), "se oculta uma dialética entre secularização e laicidade no interior de contextos históricos e culturais precisos".

Para concluirmos, trazemos o seguinte comentário:

> Institucionalização das religiões segue lado a lado com a institucionalização das culturas, ou seja, tem relação com capacidade dos grupos de codificar significados culturais e fixar papéis sociais. Essa capacidade remonta às primeiras formas de organização social da humanidade, quando cria os primeiros códigos de comunicação, a começar pelo código linguístico que propicia a formulação dos mitos de origem e das tradições e, ao mesmo tempo, introduz diferenciações entre membros. (Passos, 2006, citado por Paraná, 2013, p. 21)

Nesse sentido, destacamos a grande influência do elemento cultural da religião no momento em que sua importância na realidade social dos seres humanos ficou mais evidente.

6.2 Desenvolvimento histórico no Brasil

No Brasil do Período Colonial, houve a instituição das escolas jesuítas e do ensino catequético da religião católica, conforme fora estabelecido no acordo com Portugal. Havia também um conteúdo doutrinário que propiciava a legitimação da dominação europeia sobre os indígenas. E assim se prosseguiu no Regime Imperial, com a religião católica conduzindo o processo de formação religiosa do povo brasileiro e de todo o ensino religioso de nosso país.

A valorização contemporânea do estudo desse tema confirma-se pela realidade social do fenômeno religioso, que é global, existente em todas as nações, e que, por isso mesmo, influencia todas as culturas e, consequentemente, a vida social e individual da humanidade. Essa é uma influência que irá atuar, então, sobre todas as famílias cristãs e sobre as famílias que praticam as religiões dos indígenas, as religiões afro-brasileiras e as religiões ocidentais e orientais.

Conforme assinala Carvalho (1989, p. 172), no Brasil do fim do século XIX e início do século XX, com a instituição da República, a educação poderia resgatar o país do atraso econômico e social instalado no Império, em uma crise que se manifestou a partir de 1930, sobretudo com a falta da organização de um sistema educacional. A burguesia brasileira, advinda dos engenhos e do comércio exterior, tinha um projeto educacional e passou a ter espaço e a gerar preocupações nos governantes. Somente com a Constituição de 1988 o país passou a promover o embasamento da cidadania e a dignidade da pessoa humana, estabelecendo a garantia e o direito de todos à educação (Gadotti, 2004, p. 168).

A Constituição Federal de 1988, em seu art. 205, traz que a educação é um "direito de todos e dever do Estado e da família, será promovida e incentivada com a colaboração da sociedade, visando ao pleno desenvolvimento da pessoa, seu preparo para o exercício da cidadania e sua qualificação para o trabalho" (Brasil, 1988). A Constituição também garante, em seu art. 5º, que trata dos direitos e dos deveres individuais e coletivos, "a inviolável liberdade de consciência e de crença, sendo assegurado o livre exercício dos cultos religiosos, na forma de lei e, na proteção aos locais de culto e suas liturgias" (Brasil, 1988).

A questão religiosa é uma problemática ainda estabelecida por causa da desinformação e do desconhecimento de qual é a proposta do ensino religioso para o ambiente escolar. Os debates se desenvolveram até a regulamentação da Lei de Diretrizes e Bases da educação Nacional (LDBEN) – Lei n. 9.394, de 20 de dezembro de 1996 (Brasil, 1996). Houve, assim, a definição de que a exigência de qualidade no processo de ensino e aprendizagem do ensino religioso, a ser instrumentalizado nas instituições de caráter público ou privado, confessional ou interconfessional, deveria assumir um caráter científico de aprendizagem, o qual exige a devida habilitação profissional para o exercício do magistério, com formação em curso superior de licenciatura. Consequentemente, deve-se atender a esse critério para a devida atuação dessa perspectiva nos mais diversos setores, sejam as igrejas, sejam as entidades com suas intencionalidades missionárias, sejam as entidades civis e outras.

6.3 Diversidade religiosa

Nesse contexto, é preciso observar que o Brasil é um país laico e com grande diversidade religiosa, sendo que a maioria da população se denomina *cristã*. Portanto, o Estado deve atender a pessoas de diferentes religiões, até porque a diversidade religiosa está relacionada à multiculturalidade. O desafio do ensino escolar é acolher no mesmo espaço essa ampla diversidade, desenvolvendo o respeito a crenças, valores e costumes, por meio de um diálogo harmonioso e pacífico e jamais preconceituoso. A diversidade religiosa é um fenômeno contemporâneo, o que traz questionamentos e desafios urgentes ao campo da educação, posto que as práticas educativas demandam, sempre, novos aprendizados. A construção de uma nova realidade religiosa e cultural requer interpretações com significados mais subjetivos.

A transformação social vai acontecendo e delineando a educação não proselitista do tempo presente, na qual o ensino religioso em sua ação educativa, com base nos saberes do professor, oportuniza novas manifestações em sala de aula. Para um saber e uma vivência de todas as crenças e todos os costumes, devem ser superados equívocos, intolerâncias e incertezas, a fim de cumprir o objetivo de realizar as intervenções necessárias que possam desenvolver as habilidades do aluno, nas quais os conhecimentos irão conduzir a novas e saudáveis práticas educativas.

O valor da dialética entre as diferenças e semelhanças ressalta a necessidade de compreender o sagrado e a particularidade de cada religião e cultura, daí surgindo a questão: Será que podemos compreender a nossa humanidade em meio a tais diferenças? A articulação pedagógica tem por finalidade interpretar e buscar, nas opiniões divergentes, a beleza que caracteriza os símbolos que representam o pensamento humano também no que refere a sua crença.

Na cosmovisão cristã, a religiosidade pode abranger uma esfera social, ou seja, uma espiritualidade voltada não somente para o transcendente, mas para a constituição da família, orientando valores que podem ser aplicados ao sistema político, ao conhecimento e aos sentimentos e emoções do indivíduo ou da sociedade. É um contexto em que o pensamento cristão pode ser universalista ou individual. Em uma visão multicultural, a perspectiva cristã orienta o respeito aos valores morais e a compreensão acerca da importância da tolerância religiosa, com o entendimento de que se deve aprender a discordar sem partir para o desrespeito e, muito menos, para a violência.

Em uma educação formal e sistematizada, com uma análise geral do desenvolvimento da educação cristã, observamos que, desde a Antiguidade, buscou-se apresentar propostas de uma sociedade plural, abrindo possibilidades ao cristianismo e às outras religiões, algo que pode ser encontrado atualmente na diretriz nacional curricular comum. A base do cristianismo é a formação do ser humano como um membro do novo reino. Como se dizia na literatura e na cultura gregas, o ideal humanista da educação concorre para as ciências, a técnica e o ofício, o que, na religião cristã, compreende a fraternidade, a justiça e a paz, com o envolvimento de uma pedagogia moderna de emancipação educacional e religiosa do ser.

6.4 Educação, aprendizagem e formação da identidade

Para Libâneo (2010), a educação é exatamente o processo contínuo de desenvolvimento e transformação do ser humano, ou seja, um aprendizado acerca de se viver bem e com abundância de qualidade e quantidade de bons sentimentos e pensamentos: Na educação formal, a competência da instituição escolar define a educação formal:

> No que concerne às modalidades da educação podemos defini-la como: informal, não formal e formal. A educação informal consiste em uma educação não intencional ou não sistematizada, é o que ocorre, por exemplo, na família. A formal é sistemática, é "aquela estruturada, organizada, planejada intencionalmente". Nesse sentido, a educação escolar convencional é tipicamente formal.
> (Libâneo, 2010, p. 88)

O processo educativo é uma visão de mundo que anseia pela transformação do indivíduo e pela liberdade de expressão que considera a cultura e a religião no contexto real da vida do educando. Nesse contexto, ser cristão é perceber a necessidade do outro aliada ao processo educativo, já que todas as religiões e culturas têm princípios do bem e do amor que podem servir de reflexão para os demais, pautados na visão de mundo ou na globalização que multiplica as ideias e as intenções de autonomia do ser humano. O professor de Ensino Religioso deve estar comprometido em compreender os movimentos da diversidade religiosa e cultural[2] na construção de uma nova identidade de cidadania no mundo, com finalidades configuradas na política educacional e social de valorização da diversidade, pois a cultura está conectada aos acontecimentos históricos de um contexto social. Ela é feita por meio do desenvolvimento humano, tanto biológico como psicológico, e da interação entre o sujeito e o meio. Várias teorias, como as de Piaget, Vygotsky e Wallon, afirmam que "a aprendizagem é um processo interativo em que os sujeitos constroem seus conhecimentos através das suas interações com o meio, numa inter-relação constante entre fatores internos e externos" (Libâneo, 2010, p. 77).

Os significados da interação social, ou seja, das ações dos indivíduos, manifestam-se por meio de signos, símbolos, rituais e códigos que necessitam ser interpretados, já que toda ação social pode definir os significados que constituem as atuações humanas (Hall, 1997). As relações sociais ou vivências concretas dos indivíduos determinam a cultura, convencionam os valores e as regras, a comunicação e a concepção de mundo, em um processo que reflete o conhecimento de várias gerações. Inovando e transformando as

---

2   "Conforme LARAIA (2001), a primeira definição de caráter antropológico de cultura vem de Edward Burnett Tylor (1832-1917), para quem cultura é '[...] todo complexo que inclui conhecimentos, crenças, arte, moral, leis, costumes ou qualquer outra capacidade ou hábitos adquiridos pelo homem como membro de uma sociedade" (Carvalho, 2010).

diferenças, a educação organiza o conhecimento elaborado pela humanidade. O comportamento confirma os aspectos marcados por uma realidade ou identidade, e trocas simbólicas, valores, costumes ou tradições guardam as singularidades de um grupo social. A cultura tem conotação política e histórica – é preciso tomar cuidado com a adoção de ideologias únicas e, por isso mesmo, temos buscado apresentar vários autores e teorias diversas para análise e reflexão dos elementos determinantes dos sistemas de valores.

A educação, a herança religiosa e cultural e a sensibilidade ou emoção alargam a visão e a construção da religião e da cultura.

A gestão democrática da instituição escolar, com princípios exarados na Constituição Federal de 1988, na LDBEN/1996 e no Plano Nacional da Educação, requer a superação de processos históricos de gestão, conforme esclarece Cury (2007), com autoavaliação constante, cooperação e respeito, como exige o ambiente escolar. Para o autor, "ao mesmo tempo, [...] transparência e impessoalidade, autonomia e participação, liderança e trabalho coletivo, representatividade e competência [...] a gestão democrática é a gestão de uma administração concreta" (Cury, 2007, p. 2).

Conhecer a realidade por meio da verificação dos fenômenos exige tempo e amadurecimento, e deve-se organizar os resultados de maneira sistematizada e sabendo que formular teorias é um conhecimento suscetível a reformulações. A Declaração Universal sobre a Diversidade Cultural (Unesco, 2002) observa, no art. 1º, que a cultura adquire formas diversas no tempo e no espaço. Essa diversidade se manifesta na originalidade e na pluralidade de identidades que caracterizam os grupos e as sociedades. A diversidade cultural é uma fonte de intercâmbios, de inovação e de criatividade, tão necessária para o gênero humano quanto a diversidade biológica é para a natureza. Nesse sentido, constitui um patrimônio comum da humanidade e deve ser reconhecida e consolidada em benefício das gerações presentes e futuras.

As dimensões dos fenômenos religiosos no Brasil, caracterizados pela extensão de território e suas particularidades regionais, trazem um entrelaçado de significados, como os usos e os costumes indígenas, afro-brasileiros, ocidentais e orientais, de tal forma que a diversidade dos povos imigrantes, europeus e africanos, quanto a arte, alimentos, dança, língua, vestimenta, rituais, crenças e costumes, apresenta uma riqueza inigualável (Corrêa, 2008, p. 100).

Para Corrêa (2008, p. 149), a religiosidade é uma das características mais marcantes do povo brasileiro. Manifesta-se de múltiplas maneiras como decorrência, de um lado, das diferentes religiões praticadas na sociedade brasileira e, de outro, como parte do modo de ser de muitos indivíduos ainda que não professem uma religião em especial. Ainda segundo o autor, "A religiosidade por ser uma manifestação cultural de natureza imaterial é considerada como patrimônio cultural. Ela diz respeito à identidade de grupos formadores da sociedade brasileira, objetivada por meio de diferentes formas de expressão" (Corrêa, 2008, p. 149).

Segundo a realidade de que a cultura é local, regional e pode ser globalizada, "as ações humanas não são por si mesmas dotadas de sentido e razão; elas recebem um sentido e adquirem a racionalidade em relação ao plano e a razão da providência" (Saviani, 2003, p. 9). Para Geertz (1989), o ser humano está amarrado a teias de significados tecidas por ele mesmo no contexto em que vive e interage com os seus semelhantes. A cultura é um emaranhado de elementos, significados e símbolos idealizado pelo próprio ser humano. Faz parte da história do homem, que se destaca com a experiência e a vivência das gerações anteriores, trazendo em seu fundamento os símbolos e os ritos na forma do viver socialmente, construídos ao longo do tempo por meio de valores, costumes e crenças.

A história opera-se na unidade de necessidade e liberdade, mas a liberdade é apenas suposta, e a unidade de liberdade e necessidade é, portanto, fictícia (Kosik, 1976, p. 232). Nessa contradição, pode-se compreender que a história não domina a lei da liberdade e que a liberdade é uma necessidade compreendida, pois é aparente. A história, assim como a cultura, é racionalmente determinada, pois o homem é criador de si mesmo, por meio da atividade, dos objetivos e de sua força de trabalho, construídos pela mediação do pensamento e da linguagem.

A educação, na diversidade religiosa e na cultura do ser, é um tema complexo. Para Saviani (2008, p. 13), a educação

> é o ato de produzir, direta e intencionalmente, em cada indivíduo singular, a humanidade que é produzida histórica e coletivamente pelo conjunto de homens. [...] a educação pertencendo ao âmbito do trabalho não material, tem a ver com ideias, conceitos, valores, símbolos, hábitos, atitudes, habilidades, tais elementos, entretanto, não lhe interessam em si mesmos, como algo exterior ao homem.

Dessa forma, podemos concluir que toda proposta educativa contém uma concepção de mundo e de conhecimento e, consequentemente, de sociedade e de homem. O homem transforma a natureza e a si próprio por meio do trabalho (Saviani, 2008, p. 11); o trabalho instaura-se a partir do momento em que seu agente antecipa mentalmente a finalidade da ação. Consequentemente, o trabalho não é qualquer tipo de atividade, mas uma ação adequada a finalidades. É, pois, intencional.

6.5 Ensino religioso

A valorização contemporânea do tema do ensino religioso nas escolas confirma-se pela realidade social do fenômeno religioso, uma experiência global e que influencia todas as culturas e, consequentemente, a vida social e individual da humanidade. É uma influência que atua sobre todas as famílias cristãs e, igualmente, sobre as famílias que praticam as religiões dos indígenas, afro-brasileiras, ocidentais e orientais.

Nessa realidade, a problemática foi estabelecida por causa da desinformação e do desconhecimento de qual é a proposta do ensino religioso para o ambiente escolar, e os debates assim se desenvolveram até a regulamentação da LDBEN/1996, como já mencionamos.

6.5.1 Desenvolvimento histórico e superação de paradigmas

Desde o surgimento e o estabelecimento do Estado de caráter laico, houve a promoção de debates sobre as representações sociais, religiosas e culturais, com o exercício de um diálogo que promove a manutenção do espírito aberto e desprovido de preconceitos, na busca por compreender a diversidade religiosa e cultural do país. Ao mesmo tempo, com os valores do Estado laico, o ensino religioso progrediu lentamente até retornar ao ambiente da escola pública e da sala de aula.

Nesse contexto, pleno de contradições, é possível perceber como o ensino religioso, a educação e o conhecimento são ricos em métodos e didáticas de ensino, pois apresentam uma linguagem acessível e abordam diversos temas que refletem o contexto social das condições de vida de todo ser humano.

Ainda que educação, política e religião se encontrem em categorias distintas, na vida social se tornam inseparáveis em seu desenvolvimento. No contexto cultural e histórico, o fenômeno sugere que a educação e a política não se configuram como elementos antagônicos, ou seja, contrários e adversos, mas, sim, que a própria relação política se configura nesse âmbito ou domínio (Saviani, 2007, p. 82). Igualmente, o ensino religioso não se constitui apenas de uma questão pedagógica ou religiosa, mas especialmente de uma questão política (Cunha, 2006).

Até os dias de hoje, observamos que ainda permanecem algumas das consequências oriundas da homogeneização cultural e religiosa nos conflitos étnicos e religiosos. A religião faz parte da cultura, com as mais diferentes linguagens, em rituais, símbolos ou crenças, os quais transbordam em manifestações religiosas da sociedade brasileira.

Sobre a natureza e a especificidade da educação, Saviani (2007) afirma que esta é um fenômeno próprio dos seres humanos e que a compreensão da natureza da educação passa pelo entendimento da natureza humana. As atitudes de rejeição e exclusão são manifestações de entendimento desvirtuado e de aspereza de pensamento.

Nesse contexto, o ensino religioso, atuando entre a ciência e a razão, convoca as questões de espiritualidade e religiosidade que se integram em um propósito educacional de prover auxílio ao ser humano no seu caminho de desenvolvimento histórico e social. Podemos perceber suas influências na sociedade contemporânea, em que a vida afetiva conduz ao aprimoramento dos estudos e das funções intelectuais do ser. As relações sociais e os sistemas de valores promovem a influência mútua, pessoal e interpessoal, entre os pensamentos e as ações, e os sistemas de valores são incorporados à identidade das pessoas. Nessas condições, as relações de poder são justificadas pela intensidade afetiva em que se estabelecem, razão por que é preciso manter sempre a coerência e a objetividade no processo de ensino.

Foi nessa perspectiva e com boas expectativas que a oferta do ensino religioso se tornou obrigatória. Essa decisão requer a contratação de professores para a disciplina, seja na escola pública, por meio de concurso, seja no setor privado, conforme foi debatido no X Congresso Nacional de Educação (Arnaut de Toledo; Malvezzi, 2011).

Se levarmos em consideração a natureza humana, que necessita, para o seu desenvolvimento, de cuidados biofísicos ao nascer e, para o seu desenvolvimento intelectual, das relações sociais, culturais, históricas e religiosas, podemos dizer que o trabalho educativo é um ato de produzir conhecimento e transformação social. Para Saviani (2008), a educação identifica os elementos culturais de que o ser humano necessita para se adequar ao meio ambiente, construindo e desenvolvendo a educação pessoal, eliminando os preconceitos e a intolerância cultural e religiosa. Nos estudos de Vygotsky e de seus discípulos Leontiev e Luria, o reconhecimento do ensino sistematizado e a atividade social contribuem para a elaboração da realidade objetiva e da realidade subjetiva.

Assim, a superação de preconceitos instaurada por muitos anos na sociedade surge de uma reflexão sobre a cultura, a diversidade religiosa e a história da evolução humana. A abordagem crítica fundamenta a análise sobre o cristianismo, que marca fortemente a história e demonstra uma relação forte com a educação brasileira. Nesse sentido, o Estado laico cria o desafio de manter o diálogo inter-religioso para combater a intolerância cultural e religiosa nas escolas, nas comunidades, nas associações e nas instituições, buscando não reproduzir os pensamentos enraizados em preconceitos superados. O fenômeno religioso está presente e tem grande influência na personalidade do ser humano, com princípios e valores que norteiam as suas ações, enquanto a prática educativa está inserida no contexto da comunidade escolar. Do ponto de vista do ideal laico, os recursos públicos devem garantir o acesso aos conhecimentos de base científica, e não religiosa (Saviani, 2004).

6.5.2 O docente do ensino religioso no Brasil

No sentido etimológico da palavra latina, *educação* conduz a dois termos de entendimento: *educare*, que se refere a "alimentar", "cuidar" e "criar"; e *educere*, que se refere a "tirar para fora" ou "modificar um estado". É uma ideia que incide sobre o processo de desenvolvimento do ser humano por meio de uma transformação consecutiva. Para Libâneo (2010, p. 73), a ação de educar corresponde ao resultado de um processo de formação que, ao longo do tempo, desenvolve a capacidade e as qualidades humanas para o enfrentamento dos problemas determinados pelo contexto social. Esse processo agrega as relações humanas nos mais distintos contextos, como escola, família, Igreja e fábrica, além de outros segmentos sociais, pois o acontecer educativo corresponde à ação e ao resultado de um processo de formação dos sujeitos ao longo das idades para se tornarem adultos, pelo que adquirem capacidades e qualidades humanas para o enfrentamento de exigências postas por determinado contexto social.

O ser humano desenvolve a individualidade e o caráter nas relações sociais; o processo de desenvolvimento da personalidade é um procedimento de socialização na família, na escola e na religião. Conforme Toscano (2001), a religião está ligada à personalidade do indivíduo e exerce grande influência no ser, algo que desperta o interesse de psicólogos, sociólogos e antropólogos para o estudo e o entendimento do ser humano e demais instituições da sociedade. A família, a escola e a religião são exemplos de instituições sociais básicas que contribuem para a formação da personalidade.

Nosso objetivo é refletir sobre o ensino religioso e a ciência da religião, na busca por compreender e estudar a manifestação dos fenômenos religiosos, com formação especializada no ensino religioso. Assim, o cientista que estuda a diversidade religiosa pode pesquisar vários campos de conhecimento, mas não pode deixar de conhecer as discussões, que sempre estão em questionamento, sobre criacionismo e evolucionismo.

Com a constatação de que a sala de aula nas escolas brasileiras se compõe de alunos praticantes das mais diversas religiões, a formação do docente do ensino religioso deve contemplar o pluralismo e a diversidade religiosa brasileiros. Anunciar Cristo em clima de experiência, reflexão e fé cristã é uma coisa – é catequese de explicitação cristã. Apresentar a extraordinária figura de Jesus de Nazaré em uma linha mais afirmativo-formativa e fora da experiência cristã religiosa é um conteúdo perfeitamente válido em determinadas situações e algo bem distinto da catequese de explicitação – tanto no método quanto nas consequências. Essa prática é do ensino religioso, pois, evidentemente, trata-se de aspectos diversos de um único processo educativo (Gruen, 1994, p. 30).

Portanto, a orientação pedagógica do professor deve estar sob a articulação de um planejamento em conexão com o currículo, conforme explicitado no projeto pedagógico. Este é um plano realizado em consonância com as diretrizes escolares e os valores e princípios comprometidos com a sociedade, sempre em respeito aos interesses da família e do meio ambiente, à vida em sociedade e aos colegas e à própria instituição de ensino. Desse modo, o ensino religioso assume o propósito de zelar pelos valores e princípios humanos, posto que deve ser desenvolvido na seara educacional com conhecimentos técnicos e direcionados para a formação do cidadão.

O Conselho Nacional de Educação (CNE) também prima pelo caráter científico ao direcionar a composição da matriz curricular do curso, a fim de promover o acesso à diversidade e à complexidade das religiões e culturas, garantindo a formação científica e metodológica, na área do conhecimento e na interação com as áreas afins. A busca do diálogo com outras áreas científicas cria a possibilidade da ocorrência dos estudos interdisciplinares e assegura os estudos de um Estado laico. O ensino religioso demonstra sua relação concreta diante da ciência, da educação e da religião, seguindo a orientação dada na Constituição de 1988, artigo 210, no parágrafo 1º: "o ensino religioso, de matrícula facultativa, constituirá disciplina dos horários normais das escolas públicas de ensino fundamental" (Brasil, 1988).

Nesse contexto, o Estado laico permite o debate entre a ciência, a educação e a religião, no sentido de proporcionar a liberdade e o respeito ao ser humano. O ensino religioso nas escolas públicas ou privadas de ensino fundamental se mantém com base no artigo 33 da LDBEN/96, alterado na forma da Lei n. 9.475, sancionada em 22 de julho de 1997, para os seguintes termos:

> Art. 33 – O ensino religioso, de matrícula facultativa, é parte integrante da formação básica do cidadão e constitui disciplina dos horários normais das escolas públicas de ensino fundamental, assegurado o respeito à diversidade cultural religiosa do Brasil, vedadas quaisquer formas de proselitismo. § 1º Os sistemas de ensino regulamentarão os procedimentos para a definição dos conteúdos do ensino religioso e estabelecerão as normas para a habilitação e admissão dos professores. § 2º Os sistemas de ensino ouvirão entidade civil, constituída pelas diferentes denominações religiosas, para a definição dos conteúdos do ensino religioso. (Brasil, 1997).

Concomitantemente à aprovação da Lei n. 9.475/1997, o ensino religioso teve seus parâmetros curriculares elaborados pelo Fórum Nacional Permanente do Ensino Religioso (FONAPER) e aprovados pelo Ministério da Educação (MEC), passando a constar como disciplina do currículo nacional ao lado das demais áreas de conhecimento, de acordo com a Resolução n. 02/1998 do Conselho Nacional de Educação, que instituiu as diretrizes curriculares nacionais para o ensino fundamental (Brasil, 1998).

O patrimônio cultural também é foco da Conferência Geral da Organização das Nações Unidas para Educação, Ciência e Cultura. Com o intuito de resgatar a dignidade dos grupos vulneráveis, ou ordinariamente de vítimas de violações aos direitos humanos, a *Declaração Universal sobre a Diversidade Cultural*, no artigo 4º, expressa:

> A defesa da diversidade cultural é um imperativo ético, inseparável do respeito à dignidade humana. Ela implica o compromisso de respeitar os direitos humanos e as liberdades fundamentais, em particular os direitos das pessoas que pertencem a minorias e os dos povos autóctones. Ninguém pode invocar a diversidade cultural para violar os direitos humanos garantidos pelo direito internacional, nem para limitar seu alcance. (Unesco, 2002, p. 3)

Já no artigo 5º estabelece que a diversidade cultural seja parte integrante dos direitos humanos, que são universais, indissociáveis e interdependentes:

> Os direitos culturais são parte integrante dos direitos humanos, que são universais, indissociáveis e interdependentes. O desenvolvimento de uma diversidade criativa exige a plena realização dos direitos culturais, tal como os define o Artigo 27 da Declaração Universal de Direitos Humanos e os artigos 13 e 15 do Pacto Internacional de Direitos Econômicos, Sociais e Culturais. Toda pessoa deve, assim, poder expressar-se, criar e difundir suas obras na língua que deseje e, em particular, na sua língua materna; toda pessoa tem direito a uma educação e uma formação de qualidade que respeite plenamente sua identidade cultural; toda pessoa deve poder participar na vida cultural que escolha e exercer suas próprias práticas culturais, dentro dos limites que impõe o respeito aos direitos humanos e às liberdades fundamentais. (Unesco, 2002, p. 3)

A religiosidade tem meios práticos para exteriorizar e motivar as pessoas a viver, criar e fazer ações benéficas a si mesmo e aos demais. No Brasil, "é inviolável a liberdade de consciência e de crença, sendo assegurado o livre exercício dos cultos religiosos e garantida, na forma da lei, a proteção aos locais de culto e as suas liturgias" (Brasil, 1988).

A religião e a cultura podem promover a paz e o entendimento entre as pessoas e as nações. Nesse sentido, a educação pode participar da preservação, do espaço democrático de aprendizagem e do encontro com a convivência pacífica nas escolas e nas comunidades. Como já citamos, a Constituição de 1988 concede a liberdade da expressão e diálogo à diversidade religiosa, na superação do proselitismo.

Nessa perspectiva, os Parâmetros Curriculares Nacionais do Ensino Religioso (PCNER), de 1997, têm como objetivo principal valorizar a cultura e a religiosidade em sua diversidade presente no cotidiano brasileiro. Esse documento tem os seguintes objetivos:

- propiciar o conhecimento dos elementos básicos que compõem o fenômeno religioso com base nas experiências religiosas percebidas no contexto do educando;
- subsidiar o educando na formulação do questionamento existencial para dar sua resposta devidamente informada;
- analisar o papel das tradições religiosas na estruturação e na manutenção das diferentes culturas e manifestações socioculturais;
- facilitar a compreensão do significado das afirmações e das verdades de fé das tradições religiosas;
- refletir o sentido da atitude moral como consequência do fenômeno religioso e da expressão da consciência e da resposta pessoal e comunitária do ser humano;
- possibilitar esclarecimentos sobre o direito à diferença na construção de estruturas religiosas que têm na liberdade o seu valor inalienável.

É um projeto com metas de construção da cidadania, no qual o educando se insere no aprendizado de respeito ao diferente, ou seja, se insere na diversidade de crenças, costumes e culturas. Com a colaboração do professor, ao analisar a função e os valores das tradições religiosas, utilizando a ética, os textos sagrados e as afirmações teológicas, filosóficas e sociológicas, deve-se organizar e sistematizar os estudos de ritos, símbolos e espiritualidades como expressão da consciência e do valor moral e ético explicitados pela diversidade cultural e religiosa, em um universo no qual a escola, o professor e o aluno possam exercer a cidadania, na formação integral de convivência pacífica, na dedicação ao ensino e à aprendizagem, na compreensão e na manifestação do fenômeno religioso.

No contexto da diversidade cultural e religiosa, segundo Corrêa (2008, p. 39), a variedade cultural presente na sociedade é, ao mesmo tempo, necessária para a construção de uma escola democrática e, por isso, mais inclusiva, razão pela qual se faz necessário ao universo educativo escolar abrir-se para a convivência com as diferentes expressões culturais e estimular movimentos de afirmação da identidade cultural dos diferentes grupos existentes no Brasil. Assim, é possível construir um convívio harmonioso no interior dessa multiplicidade cultural.

O desenvolvimento do ser humano integra a sua identidade cultural. O ensino religioso favorece a releitura dos acontecimentos históricos, no Brasil ou em qualquer parte do mundo. Ao contextualizar e dar significado para compreensão da sociedade brasileira, é um paradigma novo, que traz o sentido das práticas religiosas e o simbolismo do sentido estruturante para se compreender o caráter da qualidade de vida, da disposição moral, da ética e da estética do indivíduo.

Portanto, o professor de ensino religioso precisa ter uma formação fundamentada no conhecimento da diversidade cultural e religiosa a fim de ter condições de efetivar o projeto educativo escolar, compreendendo a relação social, política e cultural que a religião concretiza. Para Nelson, Treichler e Grossberg (1995, p. 14), a cultura é entendida tanto como uma forma de vida – que abrange ideias, atitudes, linguagens, práticas, instituições e estruturas de poder – quanto como uma gama de práticas culturais: formas, textos, cânones, arquitetura, mercadorias produzidas em massa e assim por diante.

São preceitos constitucionais, educacionais, científicos e culturais que irão requerer do docente a busca de capacitação e habilidades orientadas para ministrar o ensino religioso nas escolas, com uma formação distinta dos demais docentes dos ensinos fundamental, médio e de jovens e adultos ou, até mesmo, dos diferentes contextos sociais. É um desafio que envolve o docente e sua formação básica e toda a representação social, ou seja, a compreensão dos diversos objetivos sociais, como a arte, a política, a economia, a ciência e as demais profissões, com interesses individuais e coletivos, muitas vezes alheios aos interesses acadêmicos, que podem ser conduzidos para se refletir a religião quando o docente demonstra conhecimento e senso crítico. A busca por recursos em outras disciplinas, como Filosofia, Sociologia, Psicologia, História, Biologia, Antropologia, além de outras áreas de conhecimento, pode ajudar a elucidar muitos acontecimentos, posto que a fé demonstra carregar consigo um significado de confiança e fidelidade a alguém, mas a tarefa educativa é a de mediar um diálogo entre as demais visões de mundo, especialmente as científicas, e os valores humanos.

Logo, o professor mediador do conhecimento deve realizar sempre a conexão e a mediação do conteúdo, da parte e do todo, já que os fatos nunca são isolados ou separados do todo, mas estão inseridos na totalidade correspondente. Segundo Kosik (1976), esses fatos podem adquirir a verdade e a concreticidade, ou seja, o todo é determinado pela análise de categorias ou de um conjunto de ideias que media as atividades educativas.

Para finalizarmos, podemos dizer que as ciências da religião refletem esse modelo de abordagem, pois buscam estudar, analisar e compreender o fenômeno religioso na sua totalidade e na sua essência. Nesse contexto, o ensino religioso mantém e desenvolve a conexão e o diálogo na sociedade e no ambiente escolar e de pesquisa, a fim de que ocorra o estudo da parte e do todo de um fato ou acontecimento e de que um não venha anular o outro, posto que o conjunto de ideias é que determina a essência – ideias correspondentes à verdade e à concreticidade oriundas do fato.

Síntese

A religião como elemento cultural no processo educacional do cidadão e da sociedade se deu na civilização ocidental e na nação brasileira de forma bastante relacionada ao cristianismo, devido aos aspectos de conexão e à ambiência histórica paralela desses dois elementos.

Vimos, neste último capítulo, que a religiosidade brasileira denota ser uma vivência cultural significativa tanto na perspectiva existencial do ser como no processo de desenvolvimento de identidade pessoal e social. Essa realidade requer a compreensão da importância dos laços entre religião e educação em meio aos movimentos de progresso da sociedade.

Abordamos o fato de os processos educacionais serem uma vivência cultural bastante próxima das personalidades e instituições religiosas nas civilizações antigas e, particularmente, naquelas que influenciaram o desenvolvimento da civilização ocidental. A educação de crianças esteve sempre nas mãos ou próxima de sacerdotes e estudiosos da religião, em um processo que integrava conteúdos diversos e que incluía a família nos ambientes gregos e judaicos, o que perdurou no cristianismo.

Essa religião utilizou grandemente as reflexões filosóficas e as necessidades de orientação religiosa dos fiéis e da sociedade a fim de promover e participar de um grande número de situações históricas dedicadas à aprendizagem e à educação do homem no desenvolvimento da civilização ocidental. Na nossa abordagem, observamos essa questão na patrística, na escolástica, no nascimento das universidades, no Renascimento, na reforma e na contrarreforma religiosas, bem como nos progressos educativo e cultural relacionados ao surgimento e à consolidação da modernidade.

No Brasil, vimos que os períodos históricos colonial e imperial foram marcados por uma forte atuação religiosa cristã nos processos educacionais, seja pelas escolas jesuítas, seja pelo *status* católico como religião oficial do Brasil. Desde o século XIX e especialmente no século XX, houve a reorientação de nosso país como um Estado laico, com o desenvolvimento de valores republicanos que observam a educação de uma perspectiva científica e a religião como um valor cultural de toda nação, sem desprezar a realidade de que nossa multiplicidade religiosa é um aspecto significativo.

O modelo educativo do ser compreende a educação como um processo constante de transformação do homem, em um aprendizado acerca de como viver bem, com qualidade e quantidade de bons sentimentos e pensamentos que se adquire e com os quais se envolve. A legislação mundial e também a brasileira relacionadas aos direitos humanos e à educação têm buscado valorar o direito à diversidade, bem como o respeito ao conhecimento amplo da cultura em seu viés religioso, nos ambientes sociais e escolares.

Por fim, nessa perspectiva, o desenvolvimento do conteúdo e das metodologias do ensino religioso e do caráter científico e didático da atuação do docente no ambiente educacional de nosso país têm sido temas cada vez mais valorados e pesquisados.

Indicações culturais

NUNES, R. A. da C. **História da educação na Antiguidade cristã**. Campinas: Kírion, 2018.

O autor busca dar continuidade ao volume anterior de outro autor, intitulado *História da educação na Antiguidade*. Essa obra relaciona a educação clássica ao cristianismo ao apresentar o surgimento e o desenvolvimento das escolas cristãs durante a Idade Média. O autor se dedica ao aprofundamento dos princípios e das técnicas de pedagogia e aprendizado que se tornaram o método específico desenvolvido pelos educadores cristãos do Período Patrístico, os primeiros séculos do cristianismo.

SOCIEDADE dos poetas mortos. Direção: Peter Weir. EUA: Touchstone Pictures. 1989. 128 min.

"Fui para os bosques para viver deliberadamente, para sugar todo o tutano da vida. Para aniquilar tudo o que não era vida, e, para quando morrer, não descobrir que não vivi" (Henry Thoreau). Essa poesia é citada neste interessante filme que retrata o papel do professor e da didática adequada a cada tempo e geração. O filme observa ainda a diversidade humana e valoriza as distintas personalidades dos educandos. A fraternidade estudantil dos jovens da Welton Academy retrata um tempo de descoberta comunitária das sensações da vida que somente os alunos conseguem experimentar, transformando tal época nos melhores anos de suas vidas.

Atividades de autoavaliação

1. Em relação ao desenvolvimento histórico de temas relacionados ao cristianismo e à educação, assinale V para as assertivas verdadeiras e F para as falsas.

[ ] A educação estava bastante relacionada à política nas civilizações antigas, posto que o ensino era um privilégio das autoridades nas mais diferentes culturas.

[ ] A educação hebraica estava centrada no ensino religioso, assim como ocorria nas civilizações antigas. O cristianismo era a religião procedente do judaísmo e utilizava e fazia referências aos princípios oriundos do Pentateuco, o que indica um aprendizado educacional relacionado ao juízo de valores entre o bem e o mal.

[ ] Os ensinos do Apóstolo Paulo (século I) recomendavam prudência aos cristãos, já que sofriam ameaças do próprio Império Romano. Indicavam propostas de uma educação social na formação do cidadão, capacitando-o a pensar e a decidir, pois o papel da educação é prover o desenvolvimento do intelecto docente e discente, cabendo ao docente a tarefa de ensinar.

[ ] A filosofia patrística tinha o objetivo de consolidar o papel da igreja e promover conceitos do cristianismo; já a filosofia escolástica empregava princípios filosóficos para explicar racionalmente as crenças da religião. As duas são métodos educacionais e de aprendizagem do cristianismo.

[ ] Agostinho de Hipona escreveu o primeiro tratado da educação cristã, no qual apresentava Deus como o pedagogo do homem, o que sinalizava que o ser humano tinha sua razão e sua condição intelectual iluminadas por Deus para levar o ser ao pensamento correto.

Agora, marque a alternativa que contém a sequência correta:

A] V, V, F, V, V.
B] V, V, V, F, V.
C] V, V, F, F, V.
D] F, V, V, V, V.
E] F, V, V, F, V.

2. Acerca da Idade Média e da relação entre cristianismo e educação, marque a alternativa correta:

A] Para Agostinho, o pensamento deve seguir o princípio bíblico. O conhecimento provém de Deus e, portanto, apenas uma inspiração espiritual poderia oferecer ao homem a boa aprendizagem. Valores agostinianos se tornaram características do aprendizado segundo uma visão cristã, conforme os ensinos do Apóstolo João.

B] Na Idade Média, a herança cultural mesopotâmica foi resguardada nos mosteiros; os monges eram os únicos letrados, e os nobres e servos não sabiam ler. Esse aspecto revela o grau de influência e de atuação da igreja na educação da sociedade medieval.

C] A Igreja Ortodoxa Oriental exerceu importante função cultural, social e jurídica a partir do século XI, quando os professores das paróquias começaram a alfabetizar os camponeses oferecendo ensino gratuito, além de serviços sociais, como a organização de registros civis com dados de nascimento, casamento e morte. A igreja cuidava dos pobres, dos órfãos, das viúvas e dos doentes, vindo a fundar diversos hospitais no século XII.

D] As primeiras universidades foram organizadas na Idade Média como uma coletividade corporativa eclesiástica, composta por mestres e estudantes provenientes das igrejas e dos mosteiros, pois a educação das antigas civilizações estava estritamente ligada ao ensino da religiosidade, à absorção de valores morais.

E] O ensino religioso desenvolvido pela escolástica, de São Tomás de Aquino, não estava separado de conceitos educacionais. O método se desenvolvia em etapas de aprendizado: primeiro, a leitura (*lectio*); segundo, o comentário (*glossa*); terceiro, as questões (*quastio*); por último, a discussão (*disputatio*). As crianças aprendiam a ler e a escrever pela observação das Escrituras.

3. Quanto ao desenvolvimento histórico dos temas *cristianismo e educação* a partir da Idade Moderna e do início da colonização no Brasil, assinale V para as assertivas verdadeiras e F para as falsas.

[ ] Martinho Lutero organizou um novo sistema escolar na Alemanha, voltado à instrução de meninos para atividades laborais. A educação deveria ter três ciclos, fundamental, médio e superior, projetando a ideia de um ensino público sob a responsabilidade do Estado.

[ ] O reformador João Calvino fundou a Universidade de Genebra. Seu pensamento articulava que, para ter fé, é necessário ter conhecimento. Não havia hierarquia de valores entre o estudo de línguas, história, ciência ou religião, pois, para ele, todo ensino busca o aperfeiçoamento do homem para o cumprimento de sua vocação pessoal e social.

[ ] O movimento iluminista trouxe novas concepções a respeito do homem e da sociedade com as descobertas científicas, o que gerou críticas ao controle da sociedade exercido pela monarquia absolutista e pela instituição religiosa.

[ ] O Brasil Colonial desenvolveu a educação por meio das escolas jesuítas e do ensino catequético da religião protestante. E assim prosseguiu no regime imperial, com a religião cristã conduzindo o processo de formação do povo brasileiro e do ensino religioso em nosso país.

[ ] Ao final do século XIX e início do XX, a instituição da República indicava que a educação poderia resgatar o país do atraso econômico e social instalado no Império, em uma crise que se manifestou a partir de 1930, sobretudo na falta da organização de um sistema educacional apropriado. Pode-se afirmar, então, que somente na Constituição de 1988 a República conseguiu embasar princípios legais acerca da cidadania e da dignidade da pessoa humana, estabelecendo a garantia e o direito de todos à educação.

Agora, marque a alternativa que contém a sequência correta:

A] V, F, V, V, V.
B] V, F, V, F, V.
C] V, F, V, V, F.
D] V, V, V, F, V.
E] V, F, F, V, V.

4. Em relação à diversidade religiosa e cultural e aos processos educacionais, assinale a alternativa **incorreta**:

A] A diversidade religiosa é um fenômeno antigo, que traz questionamentos e desafios urgentes ao campo da política, posto que as práticas demandam novos aprendizados de preparo para a cidadania e a atuação social do ser. Isso requer o desenvolvimento de uma educação não proselitista, na qual o ensino religioso esteja ausente da sala de aula.

B] Na perspectiva da educação formal, observa-se, desde a Antiguidade, o desafio educacional de apresentar propostas para uma sociedade plural, que abra possibilidades ao cristianismo e às outras religiões. A base do cristianismo é a formação do ser humano como membro do novo reino, enquanto o ideal humanista requer a valorização de outras ciências, sua técnica e seu ofício – algo que na religião cristã compreende a fraternidade, a justiça e a paz, em uma pedagogia moderna de emancipação educacional do ser.

c) O processo educativo é uma visão de mundo que anseia pela transformação do indivíduo, com a cultura e a religião no contexto real da vida do educando, já que ser cristão é perceber a necessidade do outro também no processo educativo. Todas as religiões e culturas têm princípios do bem e do amor que podem servir de reflexão para os demais, pautados na visão de mundo ou na globalização, que multiplica as ideias e as intenções de autonomia do ser humano.

d) A Declaração Universal sobre a Diversidade Cultural (Unesco, 2002) observa, no art. 1º, que a cultura adquire formas diversas no decorrer do tempo e do espaço. Essa diversidade se manifesta na originalidade e na pluralidade de identidades que caracterizam os grupos e as sociedades. Portanto, a diversidade cultural é uma fonte de intercâmbios tão necessária para o gênero humano quanto a diversidade biológica é para a natureza.

e) A dimensão do fenômeno religioso no Brasil observa a extensão do aspecto territorial e as particularidades regionais diversas, como os usos e os costumes indígenas, afro-brasileiros, ocidentais e orientais, de forma que a diversidade dos povos imigrantes, europeus e africanos, em suas crenças e costumes, também revela uma riqueza inigualável em nossa nação.

5. Em relação ao ensino religioso e às legislações, assinale V para as assertivas verdadeiras e F para as falsas.

[ ] A importância do ensino religioso nas escolas afirma-se pela realidade do fenômeno religioso, uma experiência global de todas as nações que influencia as culturas e a vida social e individual da humanidade. É uma realidade das famílias cristãs e daqueles que praticam as religiões indígenas, afro-brasileiras, ocidentais e orientais.

[ ] A proposta do ensino religioso para o ambiente escolar foi regulamentada na Lei de Diretrizes e Bases da Educação Nacional (LDBEN). Foi definido que o processo educacional do ensino religioso deveria assumir um caráter científico de aprendizagem, que exige a devida habilitação profissional, com o exercício do magistério após formação em curso superior de licenciatura.

[ ] A superação de preconceitos surge da reflexão sobre a cultura, a diversidade religiosa e a história da evolução humana. Nesse sentido, o Estado laico tem o desafio de manter o diálogo inter-religioso para combater a intolerância cultural e religiosa nas escolas, nas comunidades, nas associações e nas instituições, buscando não reproduzir os pensamentos enraizados em preconceitos superados. A prática educativa religiosa está inserida no contexto da comunidade escolar.

[ ] O ensino religioso assume o propósito de zelar pelos valores e pelos princípios humanos, posto que deverá ser desenvolvido na seara educacional com base em conhecimentos técnicos. O Conselho Nacional de Educação (CNE) prima pelo caráter científico ao direcionar a composição da matriz curricular do curso para promover a diversidade e a complexidade das religiões e culturas.

[ ] A religião e a cultura podem promover a paz e o entendimento entre as pessoas e as nações. Nesse sentido, a educação pode participar da preservação do espaço democrático de aprendizagem e do encontro com a convivência pacífica nas escolas e nas comunidades. A Constituição Brasileira de 1988 concede a liberdade de expressão e diálogo à diversidade religiosa, na superação do proselitismo.

Agora, marque a alternativa que contém a sequência correta:
A] V, V, F, V, V.
B] V, V, V, F, V.
C] V, V, V, V, V.
D] V, F, V, F, V.
E] V, V, V, V, F.

Atividades de aprendizagem

Questões para reflexão
1. A religiosidade é uma forte prática cultural de nossa população e a fé é um alento existencial e um instrumento de identificação pessoal para um grande número de brasileiros, daí a necessidade da compreensão de que todas as crenças têm importância cultural, social e política. Em relação aos elementos e valores relacionados à realidade e à importância do fenômeno religioso para a humanidade, quais você destaca?
2. Por que a diversidade religiosa é considerada patrimônio cultural da humanidade?

Atividades aplicadas: prática
1. A religiosidade cristã é um bom exemplo acerca das mudanças e da permanência do fenômeno religioso e cultural, pois se constitui uma religião que modifica sua forma de propagação em virtude da diversidade do tempo histórico. Como exemplo, podemos citar que na educação não há uma forma linear e única de prática e de discurso se o objetivo é atingir e modificar o outro. Nesse sentido, destaque algumas proposições e atividades educacionais e de aprendizagem da religião cristã em seu desenvolvimento histórico e relacione seu valor e sua influência na educação contemporânea.

2. Faça uma pesquisa sobre o pensamento do pai da didática moderna, Jan Amos Comenius, um importante líder religioso cristão da história.

CONSIDERAÇÕES FINAIS

Neste livro, apresentamos fatos históricos e conteúdos doutrinários que se tornaram relevantes no desenvolvimento do cristianismo. Também procuramos destacar os elementos culturais e religiosos que influenciaram ou transformaram a civilização ocidental no período e suas relações com a religião cristã.

Não há como desvincular o desenvolvimento inicial da fé cristã, nos primeiros séculos até a chegada da Idade Média, da cultura religiosa e social hebraica, da filosofia grega e da administração política romana, com destaque para o modo como a religião estatal e o gerenciamento político e social romanos vieram a influenciar a organização da instituição cristã no decorrer do primeiro milênio.

No período medieval, desde a queda do Império Romano, no século V, até seus últimos séculos, com os movimentos da Renascença, do humanismo e do racionalismo, que se tornaram as sementes do período iluminista do século XVIII, ocorreram fatos que contam a história da civilização ocidental e do cristianismo. As bases culturais da civilização greco-romana orientaram o pensamento sobre o qual nos organizamos como sociedade e a maneira como os valores morais ocidentais são amparados nos princípios éticos judaico-cristãos.

Esse desenvolvimento integrado, no qual a história e a cultura ocidentais influenciaram o cristianismo ao mesmo tempo em que foram influenciadas por essa religião, transformou-se em uma relação dialética profunda, envolta em debates e contrastes, confrontos e aproximações, especialmente entre os séculos XIII e XVI, marcados pelo fim do feudalismo, pela ascensão da burguesia, pelo renascimento cultural e pelas divisões religiosas da reforma protestante e da contrarreforma católica.

Nesse sentido, vimos que não é possível observar ou entender quaisquer desses movimentos culturais sem analisar seus conteúdos e as situações históricas, em um olhar unificado da religião cristã. É uma realidade que vem corroborar o entendimento de que a história da civilização ocidental e do cristianismo são as duas faces de uma mesma moeda.

A própria história de como aconteceu a definição dos alicerces intelectuais e científicos do Ocidente se organiza pelas reflexões da epistemologia, a teoria do conhecimento, e se confunde com a maneira como o cristianismo adentrou a Idade Moderna, em um processo de reavaliação de suas bases institucionais e doutrinárias. Esses aspectos têm feito a fé cristã dialogar continuamente desde então com a razão e a organização social ocidentais, pois, enquanto o Iluminismo transformava culturas e governos no decorrer dos séculos XIX e XX, a religião cristã se desenvolvia sob essas influências e na busca por impactar a sedimentação da nova sociedade moderna.

Isso se tornou bastante percebível no decorrer do século XX, com o surgimento dos movimentos pentecostais e ecumênicos como fatos eclesiásticos fundamentais do cristianismo, exatamente porque atuaram nas realidades sociais oriundas da Revolução Industrial e das divisões políticas. O século passado foi marcado pelo crescimento da fé cristã entre as camadas mais pobres da população devido às vivências carismáticas, e suas lideranças institucionais se fortaleceram em meio à sociedade secularizada pelas ações ecumênicas cristãs.

Uma perspectiva histórico-institucional do cristianismo se manteve com o surgimento contemporâneo da pós-modernidade, pois essa religião continua sendo uma realidade histórica e um fato cultural influentes na sociedade, o que indica que a relação da fé cristã com a civilização ocidental seguirá bastante próxima nos anos vindouros.

Nesse contexto e na época em que vivemos, destacamos a forma como os processos de conhecimento e aprendizado da educação estiveram dialogando com o cristianismo em diversos períodos da história. Dessa relação cultural profícua, tem-se a própria organização das ciências da religião.

Para finalizarmos, nosso interesse e nosso propósito é que os conteúdos e as reflexões desenvolvidos possam enriquecer a sua trajetória cultural, pessoal e social, a fim de que nossa sociedade e nossa população sejam amparadas por pensadores capazes de compreender e valorar tanto a realidade religiosa dos homens como sua importância na construção de uma sociedade mais ampla e respeitosa em meio às mais diversas manifestações culturais.

REFERÊNCIAS

APONTAMENTOS sobre a história das igrejas cristãs e os livros proféticos da Bíblia. Curitiba: InterSaberes, 2015.

ARANHA, M. L. de A. **História da educação e da pedagogia**: geral e Brasil. 3. ed. São Paulo: Moderna, 2006.

ARNAUT DE TOLEDO, C. A.; MALVEZZI, M. C. F. Questões político-pedagógicas do ensino religioso na escola pública brasileira. In: CONGRESSO NACIONAL DE EDUCAÇÃO – EDUCERE, 10., 2011, Curitiba. **Anais...** Disponível em: <https://educere.bruc.com.br/CD2011/pdf/5102_2445.pdf>. Acesso em: 5 abr. 2021.

BECKER, I. **Pequena história da civilização ocidental**. 11. ed. São Paulo: Companhia Editora Nacional, 1980.

BÍBLIA. Português. **Bíblia Sagrada**. Tradução João Ferreira de Almeida. rev. e atual. São Paulo: Sociedade Bíblica do Brasil, 2003. (Novo Testamento, IV).

BORGES, I. A. **Educação e personalidade**: a dimensão sócio-histórica da educação cristã. São Paulo: Mackenzie, 2002.

BRASIL. Constituição (1988). **Diário Oficial da União**, Brasília, DF, 5 out. 1988. Disponível em: <http://www.planalto.gov.br/ccivil_03/Constituicao/Constituicao.htm>. Acesso em: 7 abr. 2020.

BRASIL. Lei n. 9.394, de 20 de dezembro de 1996. **Diário Oficial da União**, Brasília, DF, 23 dez. 1996. Disponível em: <http://www.planalto.gov.br/ccivil_03/leis/l9394.htm>. Acesso em: 7 abr. 2020.

BRASIL. Lei n. 9.475, de 22 de julho de 1997. **Diário Oficial da União**, Brasília, DF, 23 jul. 1997. Disponível em: <http://www.planalto.gov.br/ccivil_03/leis/l9475.htm>. Acesso em: 7 abr. 2020.

CAMBI, F. **História da pedagogia**. Tradução de Álvaro Lorencini. São Paulo: Ed. da Unesp, 1999.

CAIRNS, E. E. **O cristianismo através dos séculos**: uma história da igreja cristã. Tradução de Israel Belo de Azevedo e Valdemar Kroker. 3. ed. São Paulo: Vida Nova, 2008.

CARRATO, J. F. **Igreja, Iluminismo e escolas mineiras coloniais**. São Paulo: Companhia Editora Nacional, 1963.

CARVALHO, E. M. B. de. Cultura ou culturas. **Arte e Cultura**, 30 jul. 2010. Disponível em: <http://pedagogia4unipac.blogspot.com/2010/07/cultura-ou-culturas.html>. Acesso em: 19 fev. 2021.

CARVALHO, M. M. C. de. **A escola e a República**. São Paulo: Brasiliense, 1989.

CHADWICK, H.; EVANS, G. R. **Igreja cristã**. Barcelona: Folio, 2007.

CLAVAL, P. Política, espaço e cultura: as ligações entre poder e religião. **Confins**, n. 12, 2011. Disponível em: <https://journals.openedition.org/confins/7115>. Acesso em: 7 abr. 2020.

CORRÊA, R. L. T. **Cultura e diversidade**. Curitiba: Ibpex, 2008.

COSTA, C. **Sociologia**: introdução à ciência da sociedade. 3. ed. São Paulo: Moderna, 2005.

CUNHA, L. A. Ensino religioso nas escolas públicas: a propósito de um seminário internacional. **Revista Educação e Sociedade**, Campinas, v. 27, n. 97, p. 1235-1256, set./dez. 2006. Disponível em: <https://www.scielo.br/pdf/es/v27n97/a08v2797.pdf>. Acesso em? 5 abr. 2021.

CURTIS, A. K.; LANG, J. S.; PETERSEN, R. **Os 100 acontecimentos mais importantes da história do cristianismo**: do incêndio de Roma ao crescimento da igreja na China. Tradução de Emirson Justino. São Paulo: Vida, 2003.

CURY, C. R. J. Ensino religioso na escola pública: o retorno de uma polêmica recorrente. **Revista Brasileira de Educação**, Rio de Janeiro, n. 27, p. 183-213, set./dez. 2004. Disponível em: <http://dx.doi.org/10.1590/S1413-24782004000300013>. Acesso em: 19 fev. 2021.

CURY, C. R. J. O princípio da gestão democrática na educação. **TV Escola**, 22 jul. 2007. Salto para o futuro.

DAMIÃO, V. **História das religiões**: sua influência na formação da humanidade. Rio de Janeiro: CPAD, 2003.

DURKHEIM, E. **A evolução pedagógica**. Traduzido por Bruno Charles Magne. Porto Alegre: Artmed, 2002.

ERMINI, F. (Coord.). **Grande história universal**: Alta Idade Média. Barcelona: Folio, 2007a.

ERMINI, F. (Coord.). **Grande história universal**: o esplendor da cultura medieval. Barcelona: Folio, 2007b.

ERMINI, F. (Coord.). **Grande história universal**: o mundo feudal. Barcelona: Folio, 2007c.

ERMINI, F. (Coord.). **Grande história universal**: o século XIX. Barcelona: Folio, 2007d.

ERMINI, F. (Coord.). **Grande história universal**: o século XVI. Barcelona: Folio, 2007e.

ERMINI, F. (Coord.). **Grande história universal**: princípios do século XX. Barcelona: Folio, 2007f.

FORTINO, C. (Ed.). **O livro da filosofia**. Tradução de Douglas Kim. São Paulo: Globo Livros, 2011.

FORTINO, C. (Ed.). **O livro das religiões**. Tradução de Bruno Alexander. São Paulo: Globo Livros, 2014.

GAARDER, J.; HELLERN, V.; NOTAKER, H. **O livro das religiões**. Tradução de Isa Mara Lando. São Paulo: Companhia das Letras, 2005.

GADOTTI, M. **História das ideias pedagógicas**. São Paulo: Ática, 2004.

GEERTZ, C. **A interpretação das culturas**. Tradução de Gilberto Velho. Rio de Janeiro: LTC, 1989.

GOHEEN, M. W.; BARTHOLOMEW, C. G. **Introdução à cosmovisão cristã**: vivendo na intersecção entre a visão bíblica e a contemporânea. Tradução de Márcio Lourenço Redondo. São Paulo: Vida Nova, 2016.

GONZÁLEZ, J. L. **História ilustrada do cristianismo**: a era dos mártires até a era dos sonhos frustrados. 2. ed. São Paulo: Vida Nova, 2011. v. 1.

GONZÁLEZ, J. L. **História ilustrada do cristianismo**: a era dos reformadores até a era inconclusa. 2. ed. São Paulo: Vida Nova, 2012. v. 2.

GRECO, G. (Coord.). **História das religiões**: crenças e práticas religiosas do século XII aos nossos dias. Barcelona: Folio, 2008a.

GRECO, G. (Coord.). **História das religiões**: origem e desenvolvimento das religiões. Barcelona: Folio, 2008b.

GRUEN, W. **O ensino religioso na escola**. 2. ed. Petrópolis: Vozes, 1994.

HALL, S. A centralidade da cultura: notas sobre as revoluções culturais do nosso tempo. **Educação & Realidade**, Porto Alegre, v. 22, n. 2, p. 15-46, jul./dez. 1997. Disponível em: <https://seer.ufrgs.br/educacaoerealidade/article/view/71361/40514>. Acesso em: 5 abr. 2021.

JUNQUEIRA, S. R. A.; KADLUBITSKI, L. Diversidade religiosa na educação no Brasil. **Caminhos**, Goiânia, v. 12, n. 2, p. 370-385, jul./dez. 2014. Disponível em: <http://seer.pucgoias.edu.br/index.php/caminhos/article/view/3546/2056>. Acesso em: 1º mar. 2021.

KANT, E. **Crítica da razão pura**. Tradução de Manuela P. dos Santos e Alexandre F. Morujão. Lisboa: Fundação Calouste Gulbenkian, 1989.

KIPPENBERG, H. **Die Entdeckung der Religionsgeschichte**. München: Verlag CH Beck, 1997.

KOSIK, K. **Dialética do concreto**. Tradução de Célia Neves e Alderico Toríbio. 2. ed. Rio de Janeiro: Paz e Terra, 1976.

LIBÂNEO, J. C. **Pedagogia e pedagogos, para quê?** 12. ed. São Paulo: Cortez, 2010.

LIMA, R. L. de. **Sobre o conceito de pseudoconcreticidade em Karel Kosik**. 103 f. Dissertação (Mestrado em Filosofia) — Universidade Federal do Rio Grande do Norte, Natal, 2011. Disponível em: <https://cchla.ufrn.br/ppgfil/paginas/mestrado/dissertacao/PDF/rafael_lucas_de_lima.pdf>. Acesso em: 26 fev. 2021.

MCGRATH, A. E. **Creio**: um estudo sobre as verdades essenciais da fé cristã no Credo Apostólico. Tradução de James Reis. São Paulo: Vida Nova, 2013.

MCGRATH, A. E. **Teologia sistemática, histórica e filosófica**: uma introdução à teologia cristã. Tradução de Marisa K. A. de Siqueira Lopes. São Paulo: Sheed, 2005.

MENDONÇA, A. G. Ciências da Religião: de que mesmo estamos falando? **Ciências da Religião: História e Sociedade**, São Paulo, ano 2, n. 2, p. 15-34, 2004.

MENDONÇA, A. G.; VELASQUES FILHO, P. **Introdução ao protestantismo no Brasil**. 2. ed. São Paulo: Loyola, 2002.

MOTA FILHA, A. S. Método e história em Max Weber: a ética protestante e o espírito do capitalismo. **Revista de História**, São Paulo, ano 13, v. 35, n. 72, p. 483-500, 1967. Disponível em: <https://www.revistas.usp.br/revhistoria/article/view/126800>. Acesso em: 3 abr. 2021.

NAGLE, J. **Educação e sociedade na Primeira República**. São Paulo: EPU; Edusp, 1974.

NAUROSKI, E. A. **Entre a fé e a razão**: Deus, o mundo e o homem na filosofia medieval. Curitiba: InterSaberes, 2017.

NELSON, C.; TREICHLER, P. A.; GROSSBERG, L. Estudos culturais: uma introdução. In: SILVA, T. T. (Org.). **Alienígenas na sala de aula**: uma introdução aos estudos culturais em educação. Petrópolis: Vozes, 1995. p. 7-38.

OLIVEIRA, M. N. de. A educação na ética kantiana. **Educação e Pesquisa**, São Paulo, v. 30, n. 3, p. 447-460, set./dez. 2004. Disponível em: <https://www.scielo.br/pdf/ep/v30n3/a05v30n3.pdf>. Acesso em: 1º mar. 2021.

OLIVEIRA, T. Discursos e práticas na educação cristã: Paulo de Tarso e Eusébio de Cesareia. In: SEMINÁRIO DE PESQUISA EM EDUCAÇÃO REGIÃO SUL, 9., 2012. Disponível em: <http://www.ucs.br/etc/conferencias/index.php/anpedsul/9anpedsul/paper/viewFile/1750/52>. Acesso em: 5 abr. 2021.

PARANÁ. Secretaria de Estado da Educação. Superintendência da Educação. **Ensino religioso**: diversidade cultural e religiosa. Curitiba: Seed/PR, 2013. Disponível em: <http://www.ensinoreligioso.seed.pr.gov.br/arquivos/File/livro_er_19_3_2015.pdf>. Acesso em: 5 abr. 2021.

PASSOS, J. D.; USARSKI, F. (Org.). **Compêndio de ciência da religião**. São Paulo: Paulinas/Paulus, 2013.

RODRIGUES, E. F.; JUNQUEIRA, S. R. A. **Fundamentando pedagogicamente o ensino religioso**. Curitiba: Ibpex, 2009.

ROSA, M. da G. de. **A história da educação através dos textos**. São Paulo: Cultrix, 1971.

SAES, D. A. M. de. A ideologia docente em A reprodução, de Pierre Bourdieu e Jean-Claude Passeron. **Educação & Linguagem**, ano 10, n. 16, p. 106-125, jul./dez. 2007. Disponível em: <https://www.metodista.br/revistas/revistas-ims/index.php/EL/article/download/129/139>. Acesso em: 3 abr. 2021.

SAVIANI, D. **Da nova LDB ao novo plano nacional de educação**: por uma outra política educacional. 5. ed. Campinas: Autores Associados, 2004.

SAVIANI, D. **Educação**: do senso comum à consciência filosófica. 17. ed. Campinas: Autores Associados, 2007.

SAVIANI, D. **Pedagogia histórico-crítica**: primeiras aproximações. 8. ed. Campinas: Autores Associados, 2003.

SAVIANI, D. **Pedagogia histórico-crítica**: primeiras aproximações. 10. ed. Campinas: Autores Associados, 2008. (Educação contemporânea).

SIMONI, S. C. (Ed.). **O livro da sociologia**. Tradução de Rafael Longo. São Paulo: Globo Livros, 2015.

STOTT, J. **Homens com uma mensagem**: uma introdução ao novo testamento. Tradução de Rubens Castilho. Campinas: Cristã Unida, 1996.

TORRES, M. L. O cuidado da criança nos primórdios da educação grega: semelhanças e contrastes com a educação hebreia. **Protestantismo em Revista**, São Leopoldo, v. 24, p. 34-41, jan.-abr. 2011. Disponível em: <http://periodicos.est.edu.br/index.php/nepp/article/view/126/157>. Acesso em: 5 abr. 2021.

TOSCANO, M. **Introdução à sociologia educacional**. 10. ed. Petrópolis: Vozes, 2001.

UNESCO – Organização das Nações Unidas para a Educação, a Ciência e a Cultura. **Declaração Universal sobre a Diversidade Cultural**. Brasília, 2002. Disponível em: <https://www.oas.org/dil/port/2001%20Declara%C3%A7%C3%A3o%20Universal%20sobre%20a%20Diversidade%20Cultural%20da%20UNESCO.pdf>. Acesso em: 9 fev. 2021.

VEITH JR., G. E. **Tempos pós-modernos**. São Paulo: Cultura Cristã, 2013. (Expressão).

WEBER, M. **A ética protestante e o espírito do capitalismo**. Tradução de M.Irene Szmrecsányi e Tamás Szmrecsányi. 11. ed. São Paulo: Pioneira, 1996.

WEBER, M. **Economia e sociedade**: fundamentos da sociologia compreensiva. Tradução de Regis Barbosa e Karen Elsabe Barbosa. 3. ed. Brasília: UnB, 1994. v. 1.

WERNER, C. (Ed.). **O livro da história**. Tradução de Rafael Longo. São Paulo: Globo Livros, 2017.

BIBLIOGRAFIA COMENTADA

GANGEL, K. O.; HENDRICKS, H. G. **Manual do ensino para o educador cristão.** 5. ed. Rio de Janeiro: CPAD, 2007.
Esta obra contém diversos princípios e diversas práticas de orientação ao educador, com esclarecimentos acerca do aprendizado tanto para professores iniciantes como para os mais experientes. Destaca e desenvolve fundamentos e padrões diversos de ensino, além de refletir sobre os papéis e as funções essenciais do ensino cristão. Também apresenta os temas da filosofia de ensino, das teorias de aprendizado, do ensino contextualizado às diversas faixas etárias e dos papéis do professor na sociedade.

JUNQUEIRA, S. R. A. (Ed.). **Ensino religioso no Brasil.** Florianópolis: Insular, 2015.
Este livro reúne diversos autores que buscam destacar as origens da diversidade cultural brasileira desde meados do século XVI. Descreve a chegada da educação e da cultura cristãs com as missões católicas e jesuítas e como essas missões se depararam com a realidade e a existência das religiões indígenas nativas e, posteriormente, com as religiões africanas dos primeiros escravos, o que resultou no desenvolvimento de uma cultura religiosa sincretista em nossa nação. Esse sincretismo requer o reconhecimento e a valorização do pluralismo religioso, e o ensino religioso precisa estar atento a essa realidade, inclusive com legislações regionais que percebam outras pluralidades originais da extensa geografia brasileira.

SHELLEY, B. L. **História do cristianismo ao alcance de todos**. São Paulo: Shedd, 2004.

Obra bastante valorizada no contexto acadêmico e teológico dos Estados Unidos, é livro de referência para professores e alunos por causa de suas raízes históricas e sua tradição, com mais de 20 edições publicadas. Destaca-se pela clareza da linguagem e pela organização de temas.

SCHAEFFER, F. A. **A Igreja no século 21**. São Paulo: Cultura Cristã, 2010.

Esta obra reúne quatro publicações do autor, considerado um dos mais impactantes pensadores acerca do diálogo cristão entre fé e cultura no século XX. Suas análises observam a Igreja no final do século passado e no mundo atual, além do desenvolvimento popular do cristianismo entre os evangélicos. Também faz considerações sobre a Revolução Industrial e o papel da Igreja em uma cultura pós-cristã.

PAZMIÑO, R. W. **Temas fundamentais da educação cristã**. São Paulo: Cultura Cristã, 2008.

Este livro reflete acerca da maneira como as doutrinas e os valores culturais cristãos poderão se tornar importantes no mundo pós-moderno. Avalia e desenvolve as posturas e atitudes, o preparo e a capacitação do educador sob o viés cristão, buscando desafiar os mestres a uma reavaliação contínua de sua prática.

RESPOSTAS

Capítulo 1
1. d
2. d
3. d
4. a
5. c

Capítulo 2
1. c
2. b
3. b
4. e
5. d

Capítulo 3
1. c
2. d
3. d
4. e
5. e

Capítulo 4
1. d
2. d
3. d
4. c
5. b

Capítulo 5
1. c
2. c
3. e
4. e
5. d

Capítulo 6
1. d
2. e
3. d
4. a
5. c

SOBRE OS AUTORES

Marli Turetti Rabelo Andrade é bacharel em Secretariado Executivo (2004) pelo Centro Universitário Internacional Uninter. Também pela Uninter, é especialista em Metodologia da Educação a Distância (2004), em Administração Estratégica e Gestão da Qualidade (2005), em Metodologias Inovadoras Aplicadas à Educação (2006) e em Política, Estratégia e Planejamento (2009). É mestre em Educação (2011) pela Universidade Tuiuti do Paraná (UTP) e doutoranda em Educação (2019) pela mesma instituição. Em 2020, fez o curso de formação pedagógica em Filosofia e História pela Uninter. Trabalha na Escola Superior de Educação da Uninter, no curso de licenciatura em Ciências da Religião.

Ivan Santos Rüppell Júnior é licenciado em Direito (1991) pela Unicuritiba e em Teologia (1995) pela Faculdade Teológica Batista do Paraná (Febapar), complementando essa segunda graduação na Faculdade Evangélica do Paraná (2011). É especialista em Metodologia do Ensino Superior (2007) pela Universidade Federal do Paraná (UFPR) e mestre em Ciências da Religião (2007) pela Universidade Presbiteriana Mackenzie. Atua como docente na Faculdade Presbiteriana do Sul, em Curitiba (PR). Escreve um *blog* sobre espiritualidade e é ministro da Igreja Presbiteriana do Brasil.

Impressão:
Junho/2021